Meinolf Thiemann, Iris Wagner

Theorie Sozialpädagogik und Sozialpflege

Arbeitsheft

für sozialpflegerische Berufe

1. Auflage

Bestellnummer 40173

Bildungsverlag EINS

Haben Sie Anregungen oder Kritikpunkte zu diesem Produkt?
Dann senden Sie eine E-Mail an 40173_001@bv-1.de
Autoren und Verlag freuen sich auf Ihre Rückmeldung.

www.bildungsverlag1.de

Bildungsverlag EINS GmbH
Sieglarer Straße 2, 53842 Troisdorf

ISBN 978-3-427-**40173**-5

Inhaltsverzeichnis

Einführung

Lernfeld 1: Berufliche Identität entwickeln

Lernfeld 2: Beziehungen zu Menschen aufbauen, deren Fähigkeiten, Bedürfnisse und Ressourcen wahrnehmen und im Handeln berücksichtigen

Lernfeld 3: Menschen mit alters- und/oder krankheitsbedingten Beeinträchtigungen unter angemessener Berücksichtigung vorhandener Ressourcen betreuen, versorgen und pflegen

Lernfeld 4: Menschen mit Behinderungen bei der Bewältigung ihres Alltags unterstützen

1 Feedbackformulare Gruppenpräsentation

Einschätzung der Präsentation – Einzelbewertung:

Datum:
Klasse:
Schüler/in:

Kriterium	Ausprägung	Einschätzung	
		Selbsteinschätzung (Schüler/in) 0. 10	Fremdeinschätzung (Lehrkräfte) 0. 10
1) Inhalt	0: fachliche Fehler, wichtige Aspekte zu kurz, nebensächliche Aspekte zu ausführlich, lückenhaftes Wissen 10: sachlich richtig, angemessene Berücksichtigung aller Aspekte der Thematik		
2) Struktur/ Gliederung	0: zusammenhanglos, Aneinanderreihung von Fakten 10: Problem-Lösung und Ursache-Wirkung sind klar erkennbar, chronologischer Aufbau		
3) Medieneinsatz/ Visualisierung	0: keine oder überladene Schaubilder, Tabellen ohne Aussagewert, Medieneinsatz unangemessen, eintönige Darstellung, unstrukturierte Darstellung, Schrift unlesbar, kaum Kreativität 10: anschauliche, aussagekräftige Schaubilder, übersichtliche Tabellen, sachgerechter Medieneinsatz, Ansprechen unterschiedlicher Sinneskanäle, strukturierte Darstellung, lesbare Schrift, Kreativität (Bilder, Symbole, Farben)		
4) Einstieg/ Schlussfolgerung	0: fehlend, langweilig, unpassend, kein Bezug hergestellt 10: interessant, Interesse weckend, kreativ, gute Zusammenfassung, Verweise, gute Bewertung, klarer Bezug		
5) Individuelles Auftreten	0: fehlender Blickkontakt, stur vom Blatt abgelesen, unsicher, unglaubwürdig, langweilt Zuhörer, blockiert, verschlossen, steif, unfreundlich 10: freier Vortrag, sicheres Auftreten, Blickkontakt, gute unterstützende Körpersprache, begeistert Zuhörer, offen, freundlich		

6) Sprechweise/ Sprechtempo	0: undeutlich, zu leise oder zu laut, monoton, zu schnell, keine Pausen, stockend, Blackout, keine Pausen 10: deutliche, klare Aussprache, angemessen in Lautstärke und Betonung, dynamisch, gute Pausentechnik		
7) Verständlichkeit	0: Zusammenhänge unklar, keine oder ungeeignete Beispiele 10: Zusammenhänge deutlich, anschauliche Beispiele, Grafiken		
8) Fachliche Kompetenz	0: Vermeiden von Fachtermini, falscher Einsatz von Fachtermini und Methoden, keine angemessene Reaktion auf Schwierigkeiten, nicht angemessene Aufgabenlösung 10: sicherer Umgang mit Fachsprache und Methoden, treffender Gebrauch, Bewältigung von unerwarteten Schwierigkeiten, Originalität der Aufgabenlösung		
9) Fachlicher Gehalt	0: oberflächliche Darstellung, kein angemessenes Problembewusstsein 10: zielgerichtete, fachlich fundierte Darstellung, überzeugend, Problembewusstsein erkennbar		
10) Besondere Kriterien des Lernfeldes	0: 10:		
Gesamt			

Note: ____________________

Einschätzung der Präsentation – Gruppenbewertung:

Datum:
Klasse:
Mitglieder:

Kriterium	Ausprägung	Einschätzung	
		Selbsteinschätzung (Schüler/in) 0. 10	Fremdeinschätzung (Lehrkräfte) 0. 10
1) Inhalt	0: fachliche Fehler, wichtige Aspekte zu kurz, nebensächliche Aspekte zu ausführlich, lückenhaftes Wissen 10: sachlich richtig, angemessene Berücksichtigung aller Aspekte der Thematik		
2) Struktur/ Gliederung	0: zusammenhanglos, Aneinanderreihung von Fakten 10: Problem-Lösung und Ursache-Wirkung sind klar erkennbar, chronologischer Aufbau		
3) Medieneinsatz/ Visualisierung	0: keine oder überladene Schaubilder, Tabellen ohne Aussagewert, Medieneinsatz unangemessen, eintönige Darstellung, unstrukturierte Darstellung, Schrift unlesbar, kaum Kreativität 10: anschauliche, aussagekräftige Schaubilder, übersichtliche Tabellen, sachgerechter Medieneinsatz, Ansprechen unterschiedlicher Sinneskanäle, strukturierte Darstellung, lesbare Schrift, Kreativität (Bilder, Symbole, Farben)		
4) Einstieg/ Schlussfolgerung	0: fehlend, langweilig, unpassend, kein Bezug hergestellt 10: interessant, Interesse weckend, kreativ, gute Zusammenfassung, Verweise, gute Bewertung, klarer Bezug		
5) Gruppenbeteiligung	0: nicht alle Gruppenmitglieder sind angemessen beteiligt 10: geschickte, gleichmäßige Aufteilung der Präsentation und der Inhalte		

6) Zeitrahmen	0: Zeitrahmen nicht beachtet, überschritten, deutlich unterschritten 10: vorgegebener Zeitrahmen wird eingehalten		
7) Teamarbeit Kommunikation/ Interaktion	0: mangelnde Absprachen, dominantes Präsentieren, unflexibles Reagieren 10: gegenseitige Unterstützung während der Präsentation, Hilfestellung untereinander, Absprachen werden getroffen und eingehalten		
8) Wirkung auf die Zuhörer	0: langweilig, Nutzen für die Zuhörer nicht erkennbar, zu einfach, zu allgemein 10: Interesse der Zuhörer geweckt, Schwierigkeitsgrad dem Niveau der Zuhörer angepasst		
9) Unterlagen für die Teilnehmer	0: unübersichtlich, zu kurz, zu lang, dürftige äußere Form 10: aussagekräftiges, vollständiges Handout/Thesenpapier		
10) Besondere Kriterien des Lernfeldes	0: 10:		
Gesamt			

Note: ____________________

2 Beurteilungsbogen für eine Präsentation

Präsentation

an der Aufgabenstellung vorbei präsentiert	1	2	3	4	5	alle geforderten Inhalte vorhanden
keine Strukturierung erkennbar	1	2	3	4	5	gute, nachvollziehbare Struktur (Roter Faden)
unpassende, langweilige Beispiele	1	2	3	4	5	gute, belebende Beispiele

bei Gruppen-Präsentation

nur einer präsentiert	1	2	3	4	5	geschickte, gleichmäßige Aufteilung der Präsentation

Vortragsstil

einschläfernder, desinteressierter Vortragsstil	1	2	3	4	5	überzeugender, begeisternder Vortragsstil
undeutliche, unverständliche Aussprache	1	2	3	4	5	deutliche, klare Aussprache
monotone oder schrille Stimmlage	1	2	3	4	5	gut modulierte Stimmlage
keine bzw. fehlplazierte Körpersprache	1	2	3	4	5	unterstützende Körpersprache
abgelesener Vortrag	1	2	3	4	5	freier Vortrag
zeitliche Vorgaben nicht eingehalten	1	2	3	4	5	zeitliche Vorgaben eingehalten

Medieneinsatz

keine Strukturierungshilfen gegeben	1	2	3	4	5	Thesenpapier oder andere Strukturierungshilfe ausgeteilt
kein oder chaotischer Medieneinsatz	1	2	3	4	5	abwechslungsreicher Medieneinsatz

Publikum

kein Blickkontakt mit dem Publikum	1	2	3	4	5	Blickkontakt mit dem Publikum
Der Wissensstand der Zuhörer wird nicht berücksichtigt	1	2	3	4	5	Stoffmenge ist auf das Publikum zugeschnitten

Daab, 2010

3 Fragebogen zum eigenen Lernen

Wenn Sie über Ihr alltägliches Lernen nachdenken, dann werden Sie sicher feststellen, dass Ihnen manches leichter von der Hand geht, anderes schwerer fällt. Im folgenden Fragebogen finden sie einige Anforderungen bzw. Aufgaben, die Sie aus Ihrer ganz persönlichen Erfahrung heraus beurteilen sollen – und zwar ehrlich.
Kreuzen Sie also an, ob Ihnen die Erledigung der jeweiligen Aufgaben leicht oder schwer fällt.

Dieses zu leisten …	**… fällt mir schwer** ☹☹	**… fällt mir eher schwer** ☹	**… geht so** 😐	**… fällt mir eher leicht** ☺	**… fällt mir leicht** ☺☺
Mit Spaß und Freude zu lernen					
Lernstoff längerfristig zu behalten					
Klassenarbeiten gut vorzubereiten					
Regelmäßig zu üben und zu wiederholen					
Vokabeln gründlich zu lernen					
Fremde Texte rasch zu lesen und zu verstehen					
Aus Texten das Wichtigste herauszufinden					
Zu einem Thema selbst etwas zu schreiben					
Ein Schema oder eine Tabelle zu erstellen					
Lernstoff übersichtlich zusammenzufassen					
Hefte/Mappen ordentlich zu führen					
Informationen nachzuschlagen					
Die eigene Arbeit sorgfältig zu planen					
Sich auf wesentliche Aspekte zu beschränken					

4 Grundlagen des Lernens

Es gibt unterschiedliche Aspekte, die unser Lernen beeinflussen und steuern. So reagieren Körper und Geist aufeinander: *„Mens sana in corpore sano" (ein verkürztes Zitat von Juvenal).* „In einem gesunden Körper ist ein gesunder Geist", heißt es schon in der Antike.

Jeder hat schon einmal die Erfahrung gemacht, dass unser körperlicher Zustand unsere geistigen Fähigkeiten beeinflusst. Wenn man zum Beispiel körperlich erschöpft oder krank ist, gelingt es uns nicht, geistige Höchstleistungen zu vollbringen.
Genauso machen wir die Erfahrungen, dass man zu bestimmten Stunden des Tages besser lernen kann als zu anderen Stunden. Dies kann bei jedem Menschen unterschiedlich sein; so ist der eine „eine Nachteule" und der nächste „ein Frühaufsteher". Beide werden zu anderen Zeiten ihre höchste Leistungsfähigkeit erreicht haben.

Erste Lernregel

■ **Erkunden Sie Ihren Lernrhythmus! Jeder Mensch hat am Tag unterschiedliche „Leistungsspitzen" und „Leistungstäler", aus diesem Grund wäre es schade, wenn man seine „Leistungsspitzen" mit unsinnigen Tätigkeiten vertrödelt und dann versucht, in den „Leistungstälern" sein Lernpensum zu erledigen!** ■

Der Vorgang des Denkens und Lernens hat sowohl eine körperliche als auch eine geistige Seite. In unserem Gehirn treffen sich die beiden Seiten im „limbischen System"[1], das eine Nahtstelle ist zwischen körperlichen und seelischen Vorgängen. Das limbische System hat eine wesentliche Rolle im Zusammenspiel von Gefühl und Geist, so ist es als „Gefühlszentrale" besonders an Lernvorgängen beteiligt. Im limbischen System werden Gefühle wie Freude, Furcht oder Aggressionen gesteuert und beeinflusst. Alle Strukturen des limbischen Systems haben mit der Informationsverarbeitung und damit auch mit dem Lernen zu tun, außerdem sind viele davon verantwortlich für die emotionale Bewertung der Informationen.

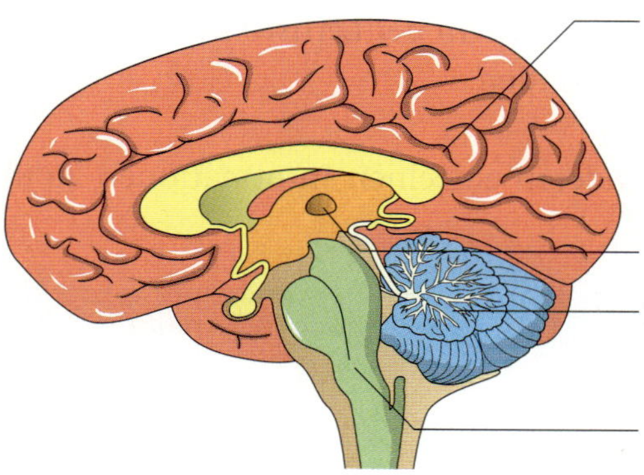

Zweite Lernregel

■ **Je positiver der Lernstoff besetzt ist, desto besser wird er gelernt!** ■

Ein nächster Aspekt ist, wie Informationen in unser Gedächtnis gelangen.

Bei dem Speichermodell des Gedächtnisses unterscheidet man zwischen dem **sensorischen Speicher** (früher Ultrakurzzeitgedächtnis), dem **Arbeitsspeicher** oder **Kurzzeitgedächtnis** und dem **Langzeitgedächtnis**.

---

[1] *Limbisches System = Das **limbische System** ist eine Funktionseinheit des Gehirns, die der Verarbeitung von Emotionen und der Entstehung von Triebverhalten dient. Dem limbischen System werden auch intellektuelle Leistungen zugesprochen.*

1. Die erste Station der Informationsaufnahme sind die Sinnesorgane als Reizempfänger.
   Die Sinnesorgane empfangen Informationen (Wahrnehmungen) von der Außenwelt, die an das Gehirn weitergegeben werden. Eine von mehreren Sinnesorganen aufgenommene Information kann sich in verschiedenen Hirnbereichen einprägen.
   In jeder Sekunde werden Millionen von Informationen über die Sinnesorgane aufgenommen und in Bruchteilen von Sekunden wird entschieden, ob die Informationen abgewiesen oder zum nächsten Speicher weitergeleitet werden. Diese Aufgabe übernimmt das limbische System.
   Das limbische System sorgt dafür, dass Informationen, die mit besonders starken Emotionen verbunden sind, ohne den Umweg über den Arbeitsspeicher sofort im Langzeitgedächtnis abgespeichert werden.
2. Die Kapazität des Arbeitsspeichers ist begrenzt, man spricht von einer Merkfähigkeit von sieben plus/minus zwei Informationen.
   Der Arbeitsspeicher hat folgende Funktionen:
   - Informationen des sensorischen Speichers aufnehmen, ordnen, weiterleiten
   - Informationen an den Langzeitspeicher weitergeben
   - Informationen aus dem Langzeitspeicher abrufen
3. Dem Langzeitspeicher wird eine unerschöpfliche Aufnahmekapazität zugesprochen. Hier werden in verschlüsselter (kodierter) Form lebenslang alle Informationen und Erfahrungen gesammelt und aufbewahrt. Ständig kommen neue Informationen hinzu oder bereits gespeicherte werden abgerufen.
   Beim Lernen ist in diesem Zusammenhang der Faktor Zeit wichtig: Bis sich die Verbindung zwischen den entsprechenden Nervenzellen bei Lernvorgängen gefestigt hat, vergehen viele Stunden.

Dritte Lernregel

■ Lernen braucht Zeit und nur durch ständiges Wiederholen kann man Gelerntes dauerhaft behalten! ■

Lernen, d.h. Abspeichern von Informationen im Langzeitgedächtnis, geschieht aber nicht nur allein durch ständiges Wiederholen, sondern indem der Lernstoff mit bereits Bekanntem verknüpft wird und so Assoziationsketten gebildet werden.

Einzelne Informationen werden mit anderen einzelnen Informationen zu übergeordneten Informationen verknüpft.

viele einzelne Informationen	eine neue Information
Bäume + Sträucher + Moose + ...	Wald
Arme + Beine + Rumpf + Kopf	Körper
Räder + Karosserie + Elektrik + Motor + ...	Auto

Auf je mehr Informationen wir zurückgreifen können, desto besser können neue Informationen aufgenommen und verknüpft werden.

Vierte Lernregel

■ Denken heißt vor allen Dingen Verknüpfung von Information. Gut strukturierter Lernstoff wird viel leichter behalten als unstrukturierter. ■

Dies bedeutet, wir müssen für unseren Lernstoff eine sinnvolle Struktur finden, nach der wir das Gelernte besser behalten können. Das Wissen über unseren Lerntyp kann uns dabei helfen.

Folgende Lerntypen werden im Allgemeinen unterschieden:
- → der visuelle Lerntyp (mit den Augen bzw. durch das Sehen lernen)
- → der auditive Lerntyp (mit den Ohren bzw. durch das Hören lernen)
- → der audio-visuelle Lerntyp (durch das Hören und Sehen lernen)
- → der haptische Lerntyp (mit den Händen bzw. durch das Fühlen lernen)
- → der abstrakt-verbale Lerntyp (durch Begriffe bzw. Begriffsbestimmungen lernen)
- → der kontakt- bzw. personenorientierte Lerntyp (durch Kontakt zu anderen Personen lernen)
- → der medienorientierte Lerntyp (durch Medien lernen)

Keiner dieser Lerntypen besteht für sich allein. Es gibt meistens nur Mischtypen, die mehrere Lernwege miteinander verbinden, z. B. den gelesenen Lernstoff sich laut vorsagen und aufschreiben.

Außerdem kommt noch hinzu, dass die meisten Menschen die beiden Hälften ihres Gehirns zu unterschiedlicher geistiger Aktivität nutzen. Jede Gehirnhälfte speichert und verarbeitet Informationen auf ihre ganz besondere Weise.
Diese Bilateralität[1] unseres Gehirns nutzen wir zur Steigerung unserer geistigen Fähigkeiten, wenn wir neben der linken „logischen“ Hemisphäre auch die Fähigkeiten der rechten Hemisphäre, wie Kreativität und bildhafte Vorstellungskraft, verwenden.
Beide Seiten sind gleich wichtig, aber in unserer heutigen Gesellschaft wird das intellektuelle Begreifen der Dinge gefördert, sodass die rechte Hemisphäre oft zu kurz kommt.

Die Funktionen er beiden Gehirnhäflten

Rechte Gehirnhälfte
Körpersprache
Intuition – Gefühl
Kreativität – Spontaneität
Sprunghaftigkeit
Neugier – Spielen – Risiko
Synthese – Überblick
Kunst – Tanz – Musik ...
Ganzheitlich
Zusammenhänge
Raumempfinden

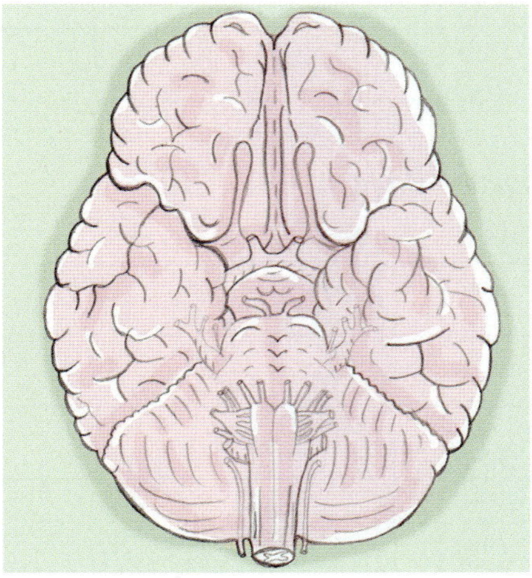

Linke Gehirnhälfte
Sprache – Lesen – Rechnen
Ratio – Logik
Regeln/Gesetze
Konzentration auf einen Punkt
Analyse – Detail
Wissenschaft
Schritt für Schritt
Einzelheiten
Zeitempfinden

Pohl, 2010

So zeigt es sich, dass sich der Lernstoff umso besser einprägt, wenn beide Seiten des Gehirns aktiviert werden. Daraus ergibt sich die fünfte Lernregel.

Fünfte Lernregel
■ Je mehr Sinneskanäle angesprochen werden, desto besser kann der Lernstoff aufgenommen werden. ■

---

[1] *Bilateralität = Zweiseitigkeit*

Manchmal versagt unser Geist und Gelerntes kann nicht aufgenommen werden. Dafür kann es verschiedene Gründe geben:

1. Wenn der neue Lernstoff sich nicht in Verbindung mit bereits Bekanntem bringen lässt und somit außerhalb des bisherigen Erfahrungshorizonts liegt.
2. Wenn der neue Lernstoff zwar wissenschaftlich korrekt, aber zu unübersichtlich, verwirrend oder sprachlich zu kompliziert für den Lernenden dargeboten wird.
3. Wenn neue Informationen mit gerade im Kurzzeitgedächtnis (KZG) gespeicherten Daten im Widerspruch stehen. Der Lernende kann sich dann nicht entscheiden, wo der Widerspruch liegt: Beide Informationen blockieren einander und gehen verloren.

Beispiel:
Ein Mathematiklehrer führt seinen Schülern hintereinander mehrere Lösungsansätze an der Tafel vor.

Sechste Lernregel

■ Man sollte ähnlichen Unterrichtsstoff nicht kurz hintereinander lernen, um Verwirrungen zu vermeiden.
So sollte man nach Englisch-Vokabeln nicht sofort Französisch-Vokabeln lernen (vgl. Pohl, 2010). ■

Aufgaben:

1. *Lesen Sie den Text gründlich durch und klären Sie unbekannte Begriffe.*
2. *Fassen Sie die wichtigsten Aussagen kurz zusammen.*

____

____

____

____

3. *Finden Sie Beispiele aus Ihrem eigenen Umfeld.*

____

____

____

____

5 Mind-Map

Mind-Map – Was ist das?

Der Begriff Mind-Map (engl. Gedanken-Landkarte) beschreibt eine kreative Arbeitstechnik, die in den 1970er Jahren von Tony Buzan eingeführt wurde und seitdem kontinuierlich weiterentwickelt wird.
Die Mind-Map dient der Erschließung und bildlichen Darstellung eines Themenbereiches, kann aber auch zur Planung und/oder für Mitschriften bzw. Protokolle genutzt werden.
Die Methode der Mind-Map geht davon aus, dass unser Gehirn in zwei Hälften unterteilt ist und die Aktivierung beider Gehirnhälften zu einem bestmöglichen Ergebnis führen kann.
Die linke Gehirnhälfte, die für das logische Denken, das Bilden von Begriffen usw. zuständig ist, wird meist stärker genutzt als die rechte Gehirnhälfte, die für den kreativen Bereich, das Denken in Bildern usw. zuständig ist.
Durch eine Verknüpfung dieser beiden Funktionsweisen unseres Gehirns können Informationen miteinander verbunden werden. Beim Abrufen unterschiedlicher Informationen aus unserem Gehirn arbeiten wir mit Assoziationen[1], d. h. neue Informationen, Wahrnehmungen, Eindrücke, Empfindungen, Gefühle, Gedanken werden mit bereits Bekanntem abgeglichen und verbunden. So hat man zum Beispiel bei bestimmten Liedern sofort positive oder negative Erinnerungen, Gefühle oder Eindrücke. Aber auch Tätigkeiten wie das Lernen können mit Gefühlen und Erfahrungen unterschiedlicher Art verknüpft sein.

Eine Mind-Map kann für ganz unterschiedliche Aufgaben genutzt werden. Zum Beispiel

- als **Ideensammlung** und **Brainstorming**: Anhand einer Mind-Map kann man zu einem Schlüsselwort viele Assoziationen hinzufügen.
- um **Sachtexte** zu strukturieren: Mithilfe einer Mind-Map lässt sich auch ein unübersichtlicher Sachtext gliedern, weil man alle wichtigen Begriffe des Textes übersichtlich darstellen kann und durch weitere Verzweigungen Informationen hinzufügen kann.
- um einen **Vortrag** zu entwerfen: Das Thema des Vortrags wird als Schlüsselbegriff in der Mitte platziert und alle wesentlichen Unterpunkte als Hauptäste. Es können auch Verknüpfungen dargestellt werden. Beim Vortragen kann die Mind-Map eine gute Hilfe zur Erinnerung sein.
- um **Sachverhalte zu protokollieren**: So können z. B. Inhalte aus Unterrichtsstunden, Telefongesprächen, Besprechungen erfasst, zusammengefasst und dokumentiert werden. Zeitliche Abläufe können im Uhrzeigersinn dargestellt werden.
- zur **Planung und Organisation**: Zur Planung und Organisation kann eine Mind-Map besonders hilfreich sein, weil sie als „Aufgabenzettel" dienen kann, der ständig erweitert werden kann.
- als **Prüfungsvorbereitung und zum Lernen**: Mit einer Mind-Map kann man Lerninhalte systematisch darstellen und die Mind-Map dazu nutzen, den Lernstoff zu wiederholen. Die übersichtliche Anordnung des Lernstoffes erleichtert die Wiederholung und fördert die Erinnerung.

Mind-Maps sind also sehr vielfältig einsetzbar, es sollte aber darauf geachtet werden, dass sie nicht an Übersichtlichkeit verlieren durch zu viele Informationen.

[1] ***Assoziation*** *= Verknüpfung, (plötzliche) gedankliche Verbindung*

Die folgende Abbildung zeigt eine Mind-Map zum Thema „Mind Mapping".

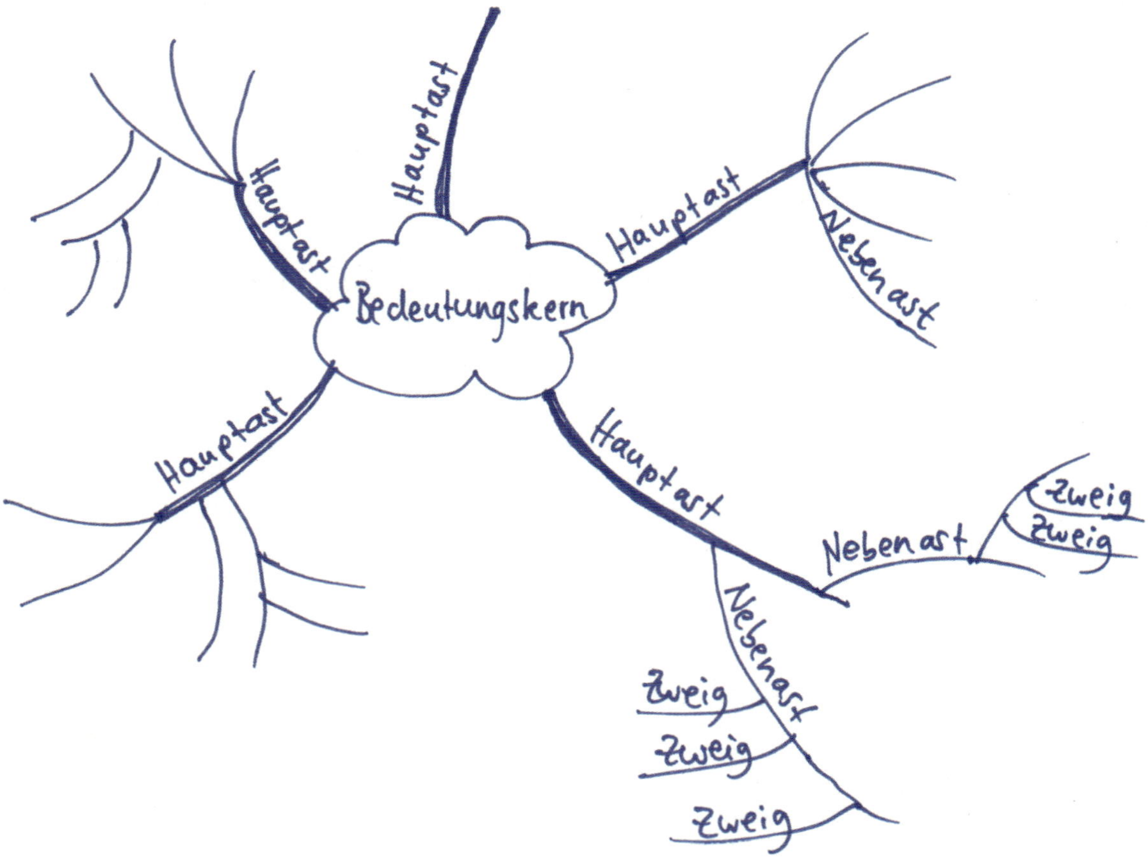

Wie erstellt man eine Mind-Map?

Bei einer Mind-Map notiert man Gedanken nicht wie üblich hinter- oder untereinander, sondern man schreibt das Thema auf die Mitte eines Blattes und man notiert die wichtigsten Begriffe auf Linien, die von der Mitte der Mind-Map ausgehen; dadurch entsteht eine bildhafte Darstellung der Gedanken.

Eine Mind-Map muss keinen „künstlerischen" Anforderungen genügen und muss auch nicht besonders akkurat gezeichnet werden.
Eine Mind-Map ist ein ganz persönliches Werkzeug, das Ihnen persönlich helfen soll, Ihre Gedanken zu ordnen – andere Personen müssen auf den ersten Blick Ihre Mind-Map nicht verstehen.

Zur Erstellung einer Mind-Map sollten folgende Aspekte berücksichtigt werden:

1. Sie nehmen ein leeres, möglichst weißes (unliniertes) Blatt DIN-A4-Papier (es kann auch größer sein) und legen es quer vor sich hin.
   In der Mitte des Blattes notieren Sie Ihr zentrales Thema.
   Schreiben Sie das Thema nicht zu klein und malen Sie einen Kreis oder eine Wolke um das Thema.

2. Von dem Thema ausgehend sammeln Sie Unterthemen, die mit dem zentralen Thema zusammenhängen. Diese können Sie entweder auf einem Extrablatt notieren oder direkt in die Mind-Map auf sog. Hauptästen einfügen.
   Die Beschriftung der Hauptäste sollte in Druckschrift erfolgen (bessere Lesbarkeit) und schreiben Sie keine ganzen Sätze oder Satzteile auf, sondern nur Schlüsselwörter. Die Hauptäste sollten kräftiger gezeichnet werden, als die darauf folgenden Nebenäste.

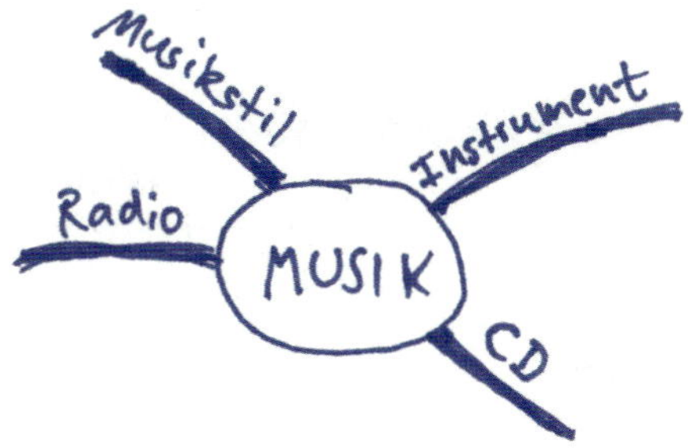

3. Die Hauptäste werden nochmals in Unterverzweigungen eingeteilt (sog. Nebenäste). Diese Unterteilungen kann man noch weiter fortsetzen. Auch hier werden nur einzelne Wörter und eventuell kurze Fragestellungen notiert.

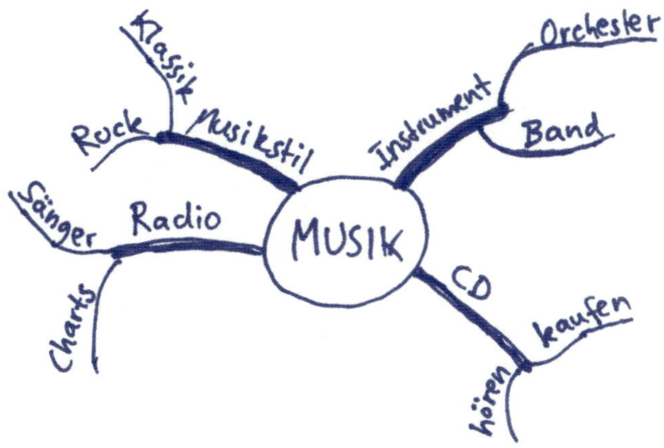

4. Folgendes sollte man außerdem noch beachten:
   - Ein Hauptast muss nicht abgeschlossen sein, wenn man den nächsten Hauptast bearbeitet. Mann kann jederzeit Ergänzungen hinzufügen.
   - Nur Stichworte und Schlüsselbegriffe benutzen, keine ganzen Sätze.
   - Man sollte Farben verwenden, damit die Übersichtlichkeit größer ist. Man kann zum Beispiel für jeden Hauptast und seine Nebenäste eine Farbe benutzen, dann hat man eine gute Strukturierungshilfe.
   - Man sollte, immer wenn es sich anbietet, visuelle Darstellungsmittel verwenden, zum Beispiel Pfeile, Fragezeichen, Ausrufezeichen, Smileys usw.

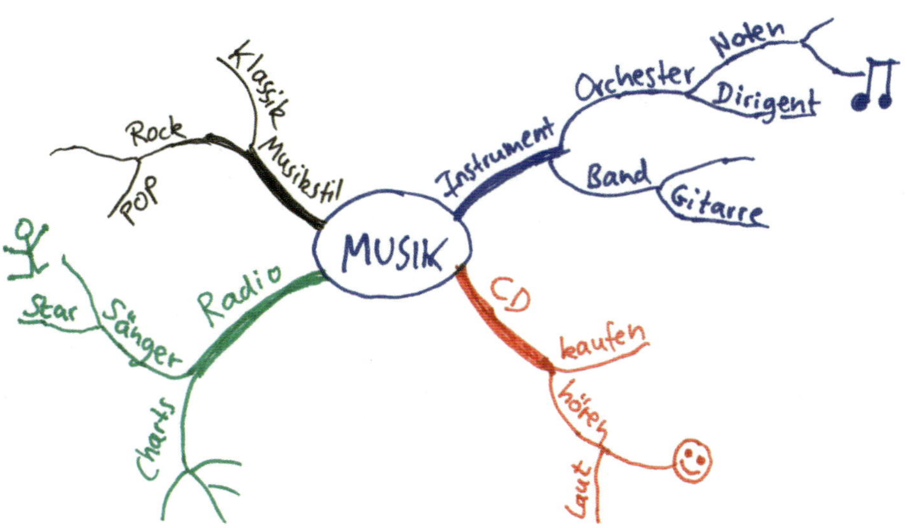

Aufgaben:

1. Fassen Sie die wesentlichen Informationen kurz zusammen.

2. Erstellen Sie eine Mind-Map zum Thema „Lernen".

1 „Wer hat mich bei meiner Berufswahl beeinflusst?"

A. Meine Eltern haben gesagt:

B. Meine Freunde haben gesagt:

C. Der Berufsberater hat gesagt:

D. Meine Lehrer haben gesagt:

2 Fähigkeiten-Memory

Die folgenden Fähigkeiten benötigt man in unterschiedlichen Berufen. Aber was bedeuten sie jeweils? Auf der nächsten Seite gibt es zu jeder Fähigkeit eine Erklärung. Ordnen Sie die Erklärungen den Fähigkeiten zu.

(1) interessiert	**(2) belastbar**	**(3) genau**
(4) unterhaltsam	**(5) pünktlich**	**(6) hilfsbereit**
(7) tolerant	**(8) höflich**	**(9) mobil**
(10) verantwortungsbewusst	**(11) geduldig**	**(12) selbstbewusst**
(13) kompromissbereit	**(14) selbstständig**	**(15) spontan**

Ordnen Sie die Erklärungen den Fähigkeiten zu.

(A) **aufgeschlossen sein, Verständnis zeigen**	**(B)** **Humor haben**	**(C)** **zuvorkommend sein**
(D) **zeitgerecht und zuverlässig handeln**	**(E)** **wissbegierig, neugierig und lernwillig sein**	**(F)** **trotz Störungen (z. B. Lärm, Stress) Arbeiten durchführen**
(G) **sich durchsetzen können, Überzeugungskraft besitzen**	**(H)** **flexibel und bereit sein, Zugeständnisse bzw. Abstriche zu machen.**	**(I)** **sorgfältig und ordentlich sein**
(J) **aus eigenem Antrieb heraus handeln, tatkräftig sein**	**(K)** **ruhig, gelassen und ausgeglichen sein**	**(L)** **Verständnis und Mitgefühl haben, kollegial sein**
(M) **bereit, seinen Arbeitsplatz räumlich zu erweitern bzw. viel unterwegs zu sein**	**(N)** **Verantwortung für das eigene Handeln übernehmen**	**(O)** **ohne Anweisungen Arbeiten eigenverantwortlich erledigen**

3 „Meine Fähigkeiten – Berufsanforderungen"

Kreuzen Sie links jeweils an, wie Sie die Ausprägung der jeweiligen Merkmale bei sich beurteilen würden. Auf der rechten Seite sollen Sie einschätzen, wie stark die Merkmale im sozialen Bereich benötigt werden.

Beurteilungskatalog

(1 ⇨ schwach; 5 ⇨ ausgeprägt)

eigene Fähigkeiten					Persönlichkeitsmerkmale	Berufsanforderungen				
1	2	3	4	5		1	2	3	4	5
					Aufgeschlossenheit					
					Anpassungsvermögen					
					Selbstständigkeit					
					Kontaktfähigkeit					
					Kritikbereitschaft					
					Kreativität					
					Zuverlässigkeit					
					Belastbarkeit					
					Impulsivität					
					Kompromissbereitschaft					
					Hilfsbereitschaft					
					Teamfähigkeit					
					Ausdauer					
					Selbstsicherheit					
					Selbstdisziplin					
					Guter Zuhörer					
					Organisationsfähigkeit					
					Kommunikationsfähigkeit					
					Auftreten					
					Einfühlungsvermögen					
					Flexibilität					
					Konzentrationsfähigkeit					
					Verlässlichkeit					
					Verantwortungsbewusstsein					
					Ausdrucksfähigkeit					
					Kontaktfähigkeit					
					Sorgfalt					
					Genauigkeit					
					Pünktlichkeit					
					Geschicklichkeit					

4 Selbsteinschätzung – Fremdeinschätzung der eigenen Fähigkeiten

Aufgaben:

1. *Schätzen Sie sich selbst ehrlich ein.*
2. *Lassen Sie von einer vertrauten Person (z. B. Eltern, Geschwister, Freunde oder Mitschüler) eine Fremdeinschätzung vornehmen. Malen Sie alle Fähigkeiten, bei denen beide Einschätzungen übereinstimmen* **grün** *aus.*
3. *Malen Sie alle Kästchen mit den Eigenschaften, in denen Sie sich selbst eine um mindestens zwei Stufen abweichende Bewertung gegeben haben als in der Fremdeinschätzung,* **rot** *aus.*
4. *Überlegen Sie, warum es zu solchen unterschiedlichen Einschätzungen kommt.*

(1 ⇨ immer; 2 ⇨ meistens; 3 ⇨ manchmal; 4 ⇨ selten; 5 ⇨ nie)

Eigenschaften	Selbsteinschätzung					Fremdeinschätzung				
	1	2	3	4	5	5	4	3	2	1
Kann rasch reagieren										
Ist geschickt										
Handelt oft spontan										
Hat oft neue Ideen										
Lässt sich auch mal was sagen										
Kann gut mit anderen zusammenarbeiten										
Ist genau und ordentlich										
Wird mit Schwierigkeiten und Problemen gut fertig										
Kann anderen gut zuhören										
Kommt mit ganz unterschiedlichen Menschen zurecht										
Ist sehr selbstständig										
Ist geschickt										
Ist ausgeglichen										
Kann vor Menschen frei reden										
Hat Ausdauer										
Hilft gern, wenn jemand Hilfe braucht										
Ist geduldig										
Ist jemand, auf den man sich verlassen kann										
Kann Zeit gut einteilen										
Nimmt auf andere Rücksicht										
Hat ein gutes Gedächtnis										
Ist pünktlich										

Eigenschaften	Selbsteinschätzung					Fremdeinschätzung				
	1	2	3	4	5	5	4	3	2	1
Kann sich durchsetzen										
Ist bei anderen beliebt										
Kann gut etwas erklären										
Hat ein gutes Gedächtnis										
Hat viele Ideen										
Ist selbstbewusst										
Ist launisch										
Kann sich gut ausdrücken										
Ist fleißig										
Hat eine gute körperliche Kondition										
Muss immer Recht behalten										
Kann sich in Probleme anderer hineinversetzen										
Kann lange an einer Arbeit sitzen										
Kann leicht fremde Menschen kennenlernen										
Hat Humor										
Ist neugierig und wissbegierig										
Lernt neue Sachen schnell										
Ist zuvorkommend und höflich										

5 Kompetenzbereiche

Handlungskompetenz

Die Handlungskompetenz stellt die ganzheitliche Qualifikation und Motivation eines Menschen dar. Sie setzt sich aus den Bereichen Fachkompetenz, Methodenkompetenz und Sozialkompetenz zusammen, die in den folgenden Absätzen näher besprochen werden.

> „Handlungskompetenz wird verstanden als die Bereitschaft des Einzelnen, sich in beruflichen, gesellschaftlichen und privaten Situationen sachgerecht, durchdacht, sowie individuell und sozial verantwortlich zu verhalten."

Kultusministerkonferenz vom 05.02.1999

Fachkompetenz

Unter Fachkompetenz versteht man das fachliche Können und Wissen. Dazu zählen beispielsweise Rechnen oder materiale Kenntnisse und Fähigkeiten, wie berufsübergreifende oder -ausweitende Fertigkeiten oder die Beherrschung neuer Technologien.

Methodenkompetenz

Die Methodenkompetenz beinhaltet die Fähigkeiten, sich Informationen zu beschaffen, sie zu strukturieren, aufzubewahren und sie zu einem späteren Zeitpunkt wieder zu verwenden, sie aufzubereiten, Ergebnisse von Verarbeitungsprozessen richtig zu interpretieren und sie geeignet zu präsentieren. Des Weiteren schließt die Methodenkompetenz Fertigkeiten zur Problemlösung, Entscheidungsfähigkeit, selbstständiges Lernen, Begründungs- und Bewertungsfähigkeit sowie allgemein logisches Denken ein.

Sozialkompetenz

Unter Sozialkompetenz fasst man Begriffe wie Kommunikationsfähigkeit, Fairness, Einsatzbereitschaft, Kooperationsfähigkeit, Selbstständigkeit, Selbstbewusstsein, Mitgefühl, Menschenkenntnis und Kritikfähigkeit zusammen.

Aufgabe:
Finden Sie Beispiele zu den unterschiedlichen Kompetenzbereichen im sozialen und pflegerischen Bereich. Erstellen Sie eine Tabelle zu den Kompetenzbereichen.

6 Handlungskompetenzen im Praktikum

Fach- und Methodenkompetenz
als Fähigkeit, berufliche Abläufe professionell zu strukturieren und zu reflektieren:

Fachwissen
Kommunikationsprozesse
Planungsfähigkeit
Konzepterstellung/-ausführung
Methodensicherheit/-kreativität
Reflexionsfähigkeit
Sprachliche Kompetenz
Frageart/Impulsgebung
Zeitmanagement
Medieneinsatz
Regeln
Zielgerichtetheit
Herstellen von Strukturen
Flexibilität
Lebensnähe
Vorbereitung

Sozialkompetenz
als Fähigkeit, zur Gestaltung von Kommunikationsprozessen unter Berücksichtigung gesellschaftlicher Zusammenhänge:

Akzeptanz
Beziehungsfähigkeit
Einfühlungsvermögen
Kommunikationsfähigkeit
Teamfähigkeit
Kritikfähigkeit
Umgang mit Nähe und Distanz
Konfliktfähigkeit
Atmosphäre
Umgang mit Grenzen
Spielbereitschaft
Umsicht
Nonverbale Kommunikation
Integration
Wertschätzung
Toleranz
Echtheit
Engagement

Humankompetenz
als kritische Selbstwahrnehmung, Selbstbehauptung und Fähigkeit, im beruflichen Kontext verantwortlich und wertorientiert zu handeln:

Offenheit
Selbstdisziplin
Verantwortungsbereitschaft
Frustrationstoleranz
Rollenbewusstsein
Flexibilität
Selbstkritik
Selbständigkeit
Selbstvertrauen
Eigenständigkeit
Urteilsvermögen
Selbstvertrauen
Spannungen Aushalten
Sachorientierte Grundhaltung
Mut/Risikobereitschaft
Beobachtungsfähigkeit
Selbst-/Fremdwahrnehmung
Belastbarkeit

↑ ↑ ↑

Sozialpflegerische Handlungskompetenz

7 Erkundung von sozialen Einrichtungen

1. Name der Einrichtung:

2. Träger der Einrichtung:

3. Welche Ziele verfolgt die Einrichtung?

4. Welche Zielgruppe spricht die Einrichtung an?

5. Wie viele Personen besuchen bzw. bewohnen die Einrichtung:

6. Wer arbeitet dort? In welchem Beruf?

7. Wie sieht die Arbeit in dieser Einrichtung aus? Welche Tätigkeitsschwerpunkte gibt es?

8. Sonstiges:

8 Berufe im sozialen Bereich

Falls der Platz auf dem Arbeitsblatt nicht reicht, schreiben Sie bitte auf einem gesonderten Blatt weiter.

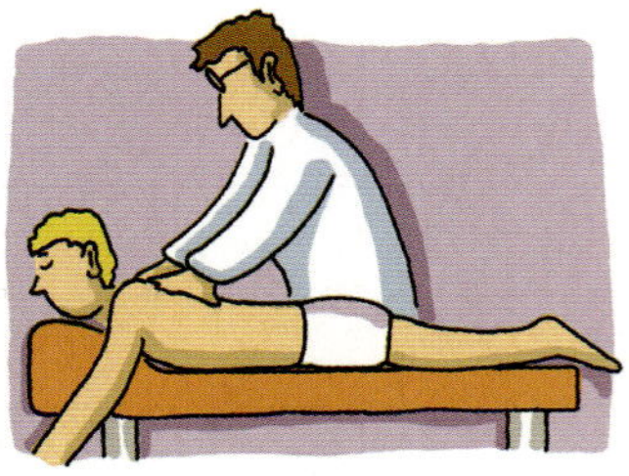

Berufsbezeichnung:

Ausbildungsdauer:

Ausbildungsstätten:

Ausbildungsinhalte:

Tätigkeitsschwerpunkte:

Vergütung in der Ausbildung:

Vergütung nach der Ausbildung:

Zukunftsaussichten:

Sonstiges:

9 Die Rolle der Schülerin

Welche Erwartungen werden an Schülerinnen gestellt? Wer stellt diese Erwartungen?

Lehrer erwarten:

____
____
____
____
____

Eltern erwarten:

____
____
____
____
____
____
____
____
____
____

______________ **erwarten:**

____
____
____
____
____

______________ **erwarten:**

____
____
____
____
____

______________ **erwarten:**

____
____
____
____
____

10 Die Rolle der Praktikantin

Welche Erwartungen werden an Praktikantinnen gestellt? Wer stellt diese Erwartungen?

Lehrer erwarten:

____

____

____

____

____

Eltern erwarten:

____

____

____

____

____

____

____

____

____

____

_______________ **erwarten:**

____

____

____

____

____

_______________ **erwarten:**

____

____

____

____

____

_______________ **erwarten:**

____

____

____

____

____

1 Nahsinne und Fernsinne

Aufgabe:
Ordnen Sie die folgenden Sinne nach Nah- und Fernsinnen:
Sehsinn, Gleichgewichtssinn, Geschmackssinn, Hörsinn, Geruchssinn, Tastsinn, Lage- und Bewegungssinn

Nahsinne

____

____

____

____

____

Fernsinne

____

____

____

____

____

2 Lückentext zur Wahrnehmung

Die visuelle Wahrnehmung ist die Wahrnehmung mit den ______________________________.

Die auditive Wahrnehmung ist die Wahrnehmung mit den ______________________________.

Die gustatorische Wahrnehmung ist die Wahrnehmung über die ______________________________.

Die taktile Wahrnehmung ist die Wahrnehmung über die ______________________________.

Die olfaktorische Wahrnehmung ist die Wahrnehmung durch die ______________________________.

Die vestibuläre Wahrnehmung ist die Wahrnehmung über den ______________________________sinn.

Die kinästhetische Wahrnehmung ist die Wahrnehmung über den Sinn ______________________________sinn.

3 Sinnzuordnungen

Ordnen Sie den folgenden aufgeführten Sinnen entsprechende Bilder (Organe) der nächsten Seite zu.

Der Geschmackssinn (gustatorisches System)

Der Geruchssinn (olfaktorisches System)

Der Hörsinn (auditives System)

Der Tastsinn (taktiles System)

Der Sehsinn (visuelles System)

Der Bewegungssinn (kinästhetisches System)

Der Gleichgewichtssinn (vestibuläres System)

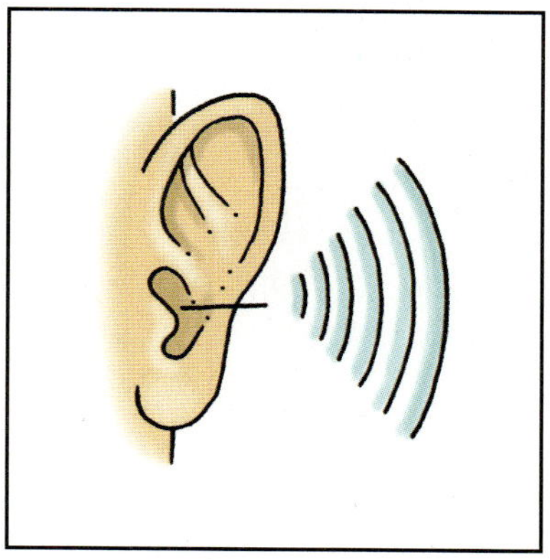

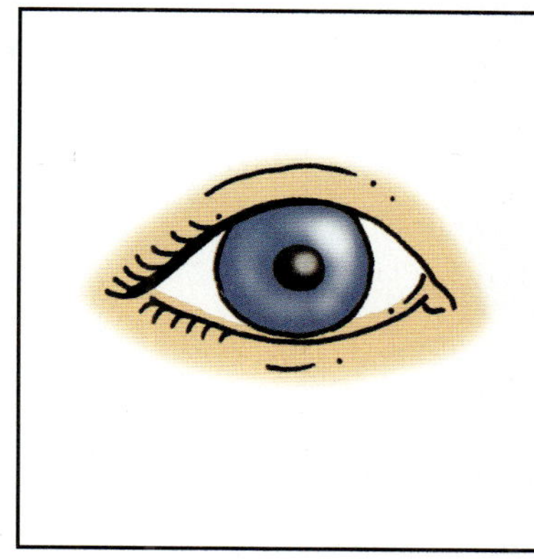

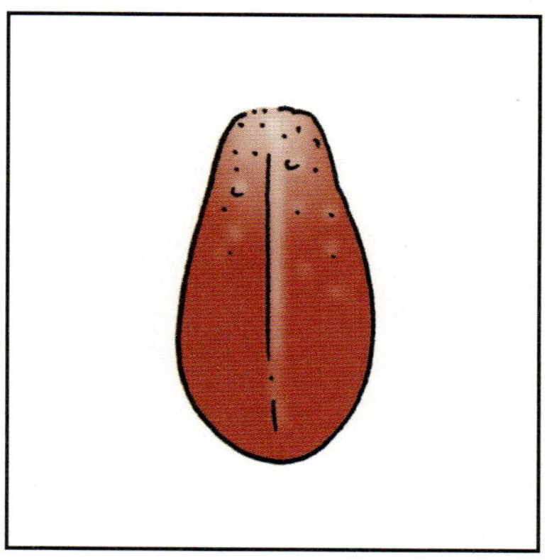

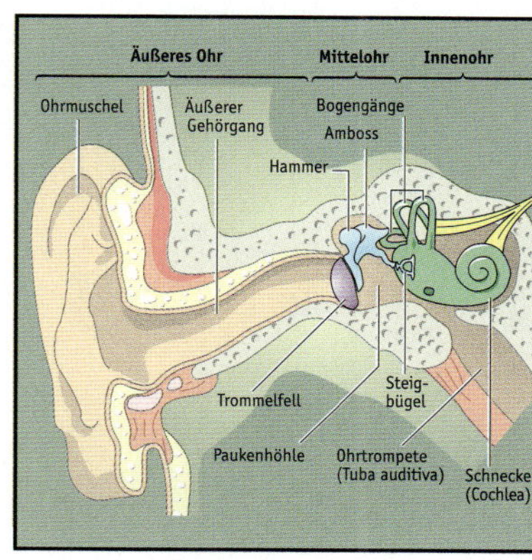
Äußeres Ohr
Mittelohr
Innenohr
Ohrmuschel
Äußerer Gehörgang
Bogengänge
Amboss
Hammer
Trommelfell
Steig-bügel
Paukenhöhle
Ohrtrompete (Tuba auditiva)
Schnecke (Cochlea)

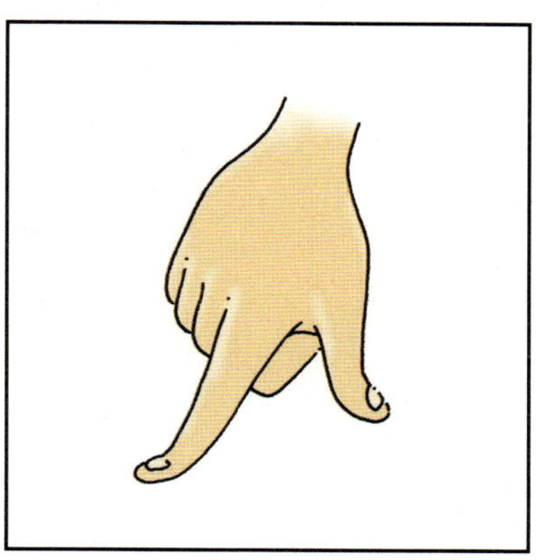

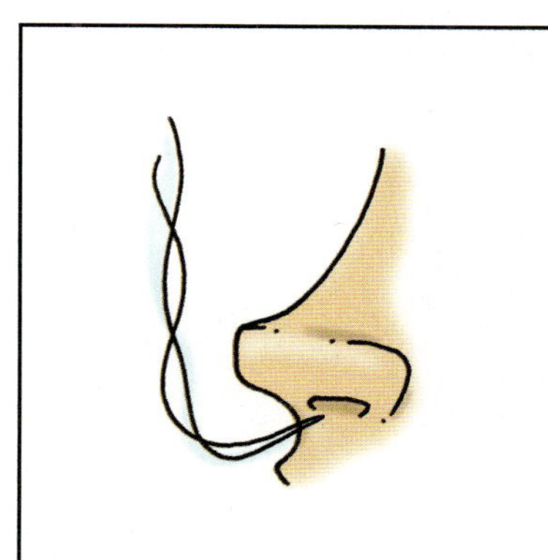

4 Wahrnehmungsschema

Aufgabe:
Füllen Sie das folgende Schema der Wahrnehmung aus.

Reize	Sinnesorgane	Wahrnehmungsbereich	Gehirn zentrales Nervensystem	Ausprägung
Geräusche	______	______	______	→ ______
______	Auge	______	______	→ Verhalten
______	______	______	Speicherung	→ ______
______	______	Schmecken	______	→ ______
______	______	______	______	→ ______
______	______	______	______	→ ______
______	______	______	______	→ ______

5 Prinzipien der Wahrnehmung

Das Gesetz der Kontinuität besagt, dass der Mensch Reize, die eine Fortsetzung vorausgehender Reize zu sein scheinen, als zusammengehörig erlebt.

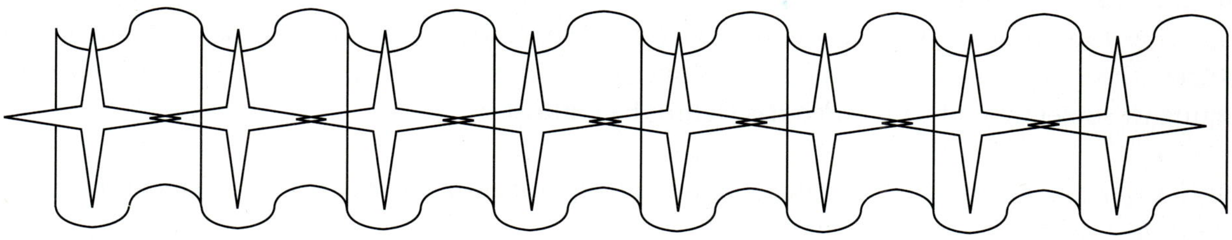

In dem Beispiel wird die Welle als eine Figur und der Stern als eine Figur wahrgenommen.

Das Gesetz der Bewegung besagt, dass sich Reize, die sich in dieselbe Richtung bewegen, als zusammengehörig wahrgenommen werden.

Das Bild zeigt, dass Figuren, die in die gleiche Richtung zeigen, als zusammengehörig wahrgenommen werden.

6 Optische Täuschungen

Unter **optische Täuschung**, auch **visuelle Illusion** genannt, versteht man eine Wahrnehmungstäuschung des Sehsinns.
Optische Täuschungen können fast alle Aspekte des Sehens betreffen. So gibt es zum Beispiel Tiefenillusionen, Farbillusionen, geometrische Illusionen und verschiedene mehr.
In allen Fällen scheint das Sehsystem falsche Annahmen zu treffen. Aus diesem Grund werden optische Täuschungen auch in der Wahrnehmungspsychologie untersucht, da man aus ihnen Rückschlüsse über die Verarbeitung von Sinnesreizen im Gehirn ziehen kann. Unsere Wahrnehmung ist subjektiv und wird durch das Gehirn beeinflusst.

Bisher war es nicht möglich, optische Täuschungen eindeutig zu erklären. Was dabei im Gehirn stattfindet, ist nicht genau bekannt.
Der amerikanische Forscher Mark Changizi geht davon aus, dass wir aufgrund unserer hellseherischen Fähigkeiten immer wieder auf optische Täuschungen hereinfallen.
Seine Hypothese besteht darin, dass die menschliche Netzhaut Licht erst eine Zehntelsekunde nach seinem Auftreffen wahrnimmt und aus diesem Grund das Gehirn versucht, die zeitliche Lücke zu füllen, indem es anhand der eintreffenden Informationen ein Bild entwirft, das genau eine Zehntelsekunde in der Zukunft liegt.

„‚Illusionen entstehen, wenn unser Gehirn versucht, die Zukunft zu erkennen, das Ergebnis aber nicht mit der Realität übereinstimmt', erklärt Changizi" (Le Ker, 2008).

Unterschiedliche optische Täuschungen:

Mueller-Lyer-Illusion

Die Mueller-Lyer-Illusion ist vermutlich die bekannteste geometrisch-optische Täuschung.
Entdeckt wurde sie ungefähr vor 100 Jahren von Franz Müller-Lyer.
Die Illusion besagt, dass eine Linie zwischen zwei spitzen Winkeln deutlich kürzer erscheint als eine gleich lange Linie, bei der die Pfeilspitzen umgekehrt sind. Für diese Täuschung existiert bis heute keine einhellige Erklärung.

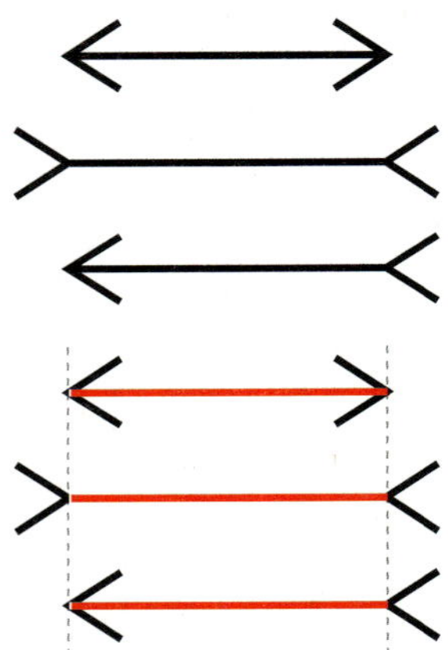

T-Figur-Illusion oder T-Illusion

Die T-Illusion ist eine ähnliche optische Täuschung wie die Mueller-Lyer-Illusion. In dieser Illusion wirkt die senkrechte Linie länger als die waagrechte, wenn das Ende der senkrechten Linie auf die waagerechte Linie trifft, meist in deren Mitte wie bei einem T.
Dabei ist es egal, ob die waagerechte Linie über, unter oder seitwärts verläuft.
Der Grund dafür ist, dass die scheinbar kürzere Linie geteilt erscheint. Das Gehirn bekommt Schwierigkeiten beim Vermessen. Je dicker der „längere" Balken, desto kürzer scheint die waagerechte Linie. Dies lässt vermuten, dass das Gehirn den Teil der waagerechten Linie, an dem die Linien aufeinander treffen, für ein Stück von der scheinbar längeren Linie hält.

Unmögliche Figuren

Unter „unmöglichen Figuren" versteht man in der Kunst grafisch zweidimensionale, vorgeblich dreidimensionale Konstrukte, die in der Wirklichkeit nicht existieren können.
Bei den Figuren handelt es sich entweder um **Paradoxa** oder um **optische Täuschungen**.
Der niederländische Grafiker M. C. Escher hat im 20. Jahrhundert zahlreiche solcher „unmöglichen Figuren" erschaffen.

Vexierbild

Ein Vexierbild oder auch Kippbild genannt ist ein Bild, das durch seine spezielle Konstruktion aus verschiedenen Blickrichtungen unterschiedliche Bildinhalte vermittelt.
Manchmal bezeichnet man auch ein Suchbild, das eine nicht auf den ersten Blick erkennbare Figur enthält, als Vexierbild.

Kanizsa-Dreieck

Der Betrachter glaubt beim Kanizsa-Dreieck (benannt nach dem italienischen Psychologen Gaetano Kanizsa) ein weißes Dreieck wahrzunehmen, obwohl auf dem Bild nur Linien und Kreissegmente zu sehen sind. Das weiße Dreieck wird bei der Bildverarbeitung im Gehirn ergänzt. Diese gedachten Linien nennt man auch „kognitive Konturen“.

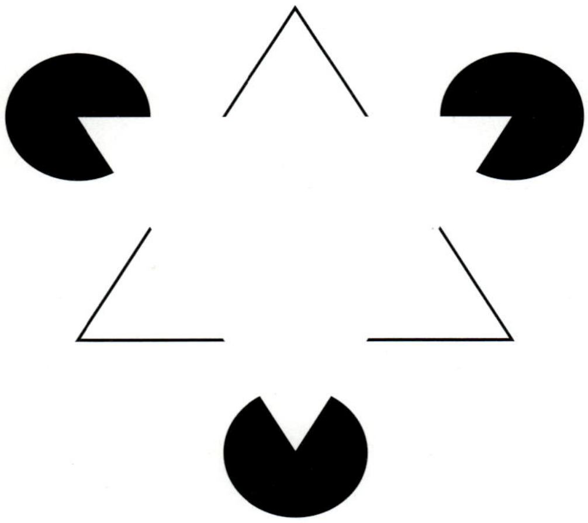

7 Übungsaufgaben Beobachtungsformen und -methoden

Aufgabe:
Welche Beobachtungsformen würden Sie in den folgenden Beispielen anwenden? Begründen Sie Ihre Auswahl.
Berücksichtigen Sie dabei folgende Beobachtungsformen und -methoden:
strukturiert – unstrukturiert, teilnehmend – nicht teilnehmend, offen – verdeckt, Selbstbeobachtung – Fremdbeobachtung

1. *Sie wohnen in einem Mehrfamilienhaus und ständig verschwindet Ihre Tageszeitung.*

___

___

2. *Sabine fühlt sich im Politikunterricht zu schlecht beurteilt.*

___

___

3. *Herr Meier trainiert eine Fußballmannschaft und will seine Trainingserfolge überprüfen.*

___

___

4. *Frank hat den Verdacht, dass seine Freundin beim Kartenspielen mogelt.*

___

___

5. *Sie sind Lehrerin und führen eine mündliche Prüfung durch.*

___

___

6. *Anne leidet seit Tagen nach dem Essen an Bauchschmerzen.*

___

___

7. *Isabel ist Praktikantin im Kindergarten und soll einen Bericht über den Entwicklungsstand der Kinder anfertigen.*

___

___

8. *Herr Kluge besitzt ein Geschäft und er hat den Verdacht, dass aus der Kasse Geld verschwindet.*

___

___

9. *Ihre Tochter schreibt am nächsten Tag eine Klassenarbeit und Sie wollen ihre Kenntnisse überprüfen.*

10. *Die Firma XYZ will einen neuen Mitarbeiter einstellen und lädt mehrere Kandidaten zum Vorstellungsgespräch ein.*

11. *Sie sitzen in einem Straßencafé und beobachten die Passanten.*

12. *Ein uniformierter Polizist beobachtet den Verkehr.*

13. *Sie beobachten Ihr eigenes Verhalten in bestimmten Situationen, um nachvollziehen zu können, wann Sie aggressiv reagieren. Sie notieren Ihre Beobachtung in einem Beobachtungsbogen, den Sie erhalten haben.*

14. *Sie sind Lehrerin und beobachten die Schüler auf dem Pausenhof während der Pausenaufsicht.*

15. *Ein Kaufhausdetektiv beobachtet die Kunden.*

8 Häufige Beobachtungsfehler

Beobachtungen dienen dazu, Sachverhalte gezielt und bewusst wahrzunehmen, um Situationen richtig einzuschätzen. Aus diesem Grund ist es wichtig, dass unsere Beobachtungen möglichst neutral und belegbar sind. Allerdings schleichen sich immer wieder Fehler in unsere Beobachtungen ein. Viele Beobachtungsfehler entstehen durch ungünstige äußere oder personenabhängige Bedingungen, die sich im Vorfeld schon ausschließen lassen oder die man bei der Beurteilung berücksichtigen muss.

Ungünstige äußere Bedingungen

- störende Geräusche, z. B. Lärm, Stimmengewirr, Geschrei
- ungünstige Lichtverhältnisse, z. B. Dämmerung, Schatten, starke Sonneneinstrahlung
- ungünstige Position oder Perspektive
- Wetter, z. B. starke Hitze, Regen, Nebel
- Fehler an Hilfs- oder Messgeräten, z. B. ein defektes Aufnahmegerät
- Fehler durch Ablenkung

Ungünstige personenabhängige Bedingungen

- unterschiedliche Lebens- und Berufserfahrungen
- Verwendung von mehrdeutigen und unpräzisen Begrifflichkeiten, z. B. „das schwierige Kind"
- Stress, Ärger, Müdigkeit, Krankheit, Zeitdruck, Unkonzentriertheit, persönliche Belastungen

Neben den oben genannten Fehlern gibt es aber auch noch sogenannte **Beurteilungs- bzw. Bewertungsfehler**. Wir schreiben unseren Mitmenschen aufgrund von bestimmten Verhaltensweisen bestimmte Eigenschaften zu.

Beurteilungs- bzw. Bewertungsfehler

1. Primacy-Effekt

Darunter versteht man die Wirkung des ersten Eindrucks. Dieser erste Eindruck erzeugt meist ein ungenaues Urteil, das sich aber oft auf alle weiteren Beobachtungen auswirkt. Ist der erste Eindruck eher positiv, wirkt er sich auf alle späteren Wahrnehmungen günstig aus. Ist er eher negativ, beeinflusst er uns in die negative Richtung.

2. Interpretationsfehler

Wir nehmen nicht einzelne Handlungen von Menschen wahr, sondern ziehen Schlüsse über die Ursache des Verhaltens und demnach über Eigenschaften dieser Person. Wir machen uns immer ein Bild von einer Person oder einer Situation.

3. Halo-Effekt (auch Hof-Effekt genannt)

Die Wahrnehmung orientiert sich oft an einer einzelnen herausstechenden Eigenschaft einer Person. Diese Eigenschaft kann dazu führen, dass sie alle anderen Eigenschaften überstrahlt und so dazu führt, dass diese übersehen werden.

4. Logischer Fehler bzw. Verknüpfungsfehler

Dieser Fehler ergibt sich daraus, dass man bestimmte Eigenschaften als zusammenhängend verknüpft. So entstehen Ketten von Eigenschaften, die in der Realität so nicht gegeben sind.

5. Kontrasteffekt

Bei einem Kontrasteffekt fallen einem bei einer anderen Person besonders die Fähigkeiten auf, die man selber nicht besitzt. Diese beurteilt man besonders positiv.

6. Ähnlichkeitseffekt

Bei einem Ähnlichkeitseffekt werden Verhaltensweisen, die man bei sich schätzt, auch bei anderen positiv beurteilt.

7. Soziale Stereotype (Vorurteile)

Stereotyp bezeichnet etwas Feststehendes, Unveränderliches, eine starre Vorstellung oder Meinung.

Soziale Stereotype bezeichnen feststehende Meinungen über bestimmte Persönlichkeitsmerkmale und/oder Personengruppen.

Gemäß dem sozialen Stereotyp, dem wir eine Person zuordnen, schreiben wir ihr Eigenschaften zu und glauben dann, diese Eigenschaften tatsächlich auch wahrzunehmen.

8. Fehler der zentralen Tendenz

Bei Beurteilungen neigt man dazu, die Mitte einer (gedachten bzw. vorhandenen) Skala zu wählen.

9. Milde-Effekt

Bei Beobachtungen bestimmter Personen neigen wir dazu, Beobachtungen generell günstiger und milder zu beurteilen.

10. Eigene Einstellungen

Die eigenen Einstellungen und Ansichten eines Beobachters wirken sich auf die Beobachtung aus und können zu unterschiedlichen Interpretationen führen.

Aufgaben:

1. *Ordnen Sie die folgenden Beispiele den Beurteilungs- bzw. Bewertungsfehlern zu.*
   a) *Freundliche Menschen sind auch ehrlich.*
   b) *Ein lebhafter Mensch schätzt an einem anderen dessen ruhige Art.*
   c) *Ein guter Redner kann den Eindruck erwecken, er verfüge insgesamt über ein großes Allgemeinwissen.*
   d) *Eine Krankenschwester muss auf ihrer Station u. a. einen Angehörigen des Chefarztes pflegen. Auf störende Eigenarten dieses Patienten wird vermutlich nachsichtiger reagiert werden als bei anderen Patienten.*
   e) *Ein ordentlicher Mensch schätzt bei anderen auch einen ausgeprägten Ordnungssinn.*
   f) *Wenn man die sprachlichen Fähigkeiten eines Kindes beurteilen soll, es sich aber um ein stilles Kind handelt, das wenig spricht, würde man eher eine mittlere Beurteilung wählen als eine extrem positive oder negative.*
   g) *Alte Menschen sind gebrechlich. Obdachlose trinken viel Alkohol.*
   h) *Praktikantin A ist der Meinung, Kinder müssen gehorchen und schweigen, wenn Erwachsene reden. Praktikantin B findet, Kinder müssen Selbstbewusstsein entwickeln und sich behaupten können. Bei der Beobachtung von Kindern im Kindergarten kommt es zu ganz unterschiedlichen Interpretationen.*
   i) *Frau M. kommt zu spät zu einem Vorstellungsgespräch, weil die Bahn mehr als zwei Stunden Verspätung hatte. Der Personalchef sortiert ihre Akte aus.*
   j) *Sie sehen jemanden auf seinem Stuhl herumzappeln – sie nehmen wahr: Er ist nervös.*

2. *Finden Sie jeweils zwei weitere Beispiele für jeden dieser Fehler.*

9 Die Entwicklungstheorie von Jean Piaget

Jean Piaget hat sich mit der geistigen Entwicklung des Menschen beschäftigt. Nach seiner Vorstellung findet die Entwicklung des Denkens in vier bis fünf Stufen statt.
- → Stufe der sensumotorischen Intelligenz
- → Stufe des symbolischen und vorbegrifflichen Denkens
- → Stufe des anschaulichen Denkens
- → Stufe der konkreten Denkoperationen
- → Stufe der formalen Denkoperationen

1. Die Stufe der sensumotorischen Intelligenz (0 bis 1;6/2 Jahre)

Auf dieser Stufe spricht Piaget noch nicht von Denkleistungen, sondern es geht eher um Denkleistungen im Sinne von Leistungen der Wahrnehmung, gekoppelt mit motorischen Leistungen. Sensumotorische Entwicklung bedeutet nach Piaget die Koordinierung von Wahrnehmungseindrücken mit motorischen Leistungen.
Da gerade in diesem Altersabschnitt bei Kindern eine schnelle Entwicklung stattfindet, unterteilt Piaget diese Stufe in sechs Stadien:

1. Stadium: Betätigung der Reflexe
Angeborene Reflexe wie Greif-, Saug- oder Schluckreflex sind der Ausgangspunkt dieses Stadiums. Die sensumotorische Intelligenz bildet sich dadurch, dass die Kinder durch Übung in ihren Ausführungen gezielter, kräftiger und sicherer werden.

2. Stadium: Einfache Gewohnheiten
In diesem Stadium wiederholt das Kind die reflexartigen Bewegungen. Das Kind öffnet und schließt immer wieder seine Hände.
Das Kind verbindet jedoch mit diesen einfachen Bewegungen noch keinerlei Absichten, sie laufen vielmehr gewohnheitsmäßig ab, gleichsam um ihrer selbst willen.

3. Stadium: Aktive Wiederholungen
In diesem Stadium wiederholt das Kind zufällig lustbetonte Handlungen. Der interessante Effekt ist Auslöser für die Wiederholung der Handlung.
So greift es beispielsweise nach einer Glocke, die überraschend ein Geräusch verursacht. Dieser für das Kind positive Effekt seiner Greifhandlung wird lustvoll wiederholt.

4. Stadium: Verknüpfung von Mittel und Zweck
Nun steht für das Kind das Ziel im Vordergrund, es kommt zu ersten Verknüpfungen von Mittel und Zweck.
So lässt das Kind etwas aus dem Kinderwagen fallen und stellt fest, es fällt immer nach unten.

5. Stadium: Aktives Experimentieren
Nun steht das Neue für das Kind im Vordergrund. Es versucht durch aktives Experimentieren ein Ziel zu verfolgen.
Bringt man außerhalb der Reichweite des Kindes eine Glocke an und befestigt diese an einer Schnur, die vom Kind erreicht werden kann, so stellt es verschiedene Versuche an, um die Glocke zu erreichen. Schon bald erfasst es die Beziehung zwischen sich selbst, der Glocke und der Schnur.

6. Stadium: Verinnerlichtes Handeln
In der Mitte des zweiten Lebensjahres spricht Piaget beim Kind vom eigentlichen Denken. Das Kind kann jetzt durch gedankliche Handlungen Probleme lösen.
Während dieser ersten Stufe des Denkens beginnt bereits das sogenannte Werkzeugdenken des

Kindes: Es kann einen Zusammenhang zwischen verschiedenen Elementen einer Situation herstellen.
Nun ist das Kind in der Lage, durch überlegte Handlungen sein Ziel zu erreichen. Es kann und will sich seine Sachen selber besorgen und benutzt dazu z. B. einen Stuhl, um an die Gummibärchen im Schrank zu kommen. Es hat auch erkannt, wo in der Wohnung welche Gegenstände sind.

2. Die Stufe des symbolischen und vorbegrifflichen Denkens (1;6/2 bis 4 Jahre)

Das Kind ist in dieser Stufe in der Lage, zwischen realen und bloß vorgestellten Gegenständen und Situationen zu unterscheiden. Es weiß, dass Personen und Gegenstände immer noch da sind, auch wenn man sie nicht mehr sieht, während ein sieben Monate altes Kind ein Spielzeug vergisst, wenn man es vor seinen Augen versteckt.
In dieser zweiten Stufe des Denkens sucht das Kind nach dem Spielzeug, weil es bereits eine Vorstellung von dem nicht mehr sichtbaren Gegenstand hat und weiß, dass dieser noch immer da sein muss.
Durch den Erwerb der Sprache wird es möglich, auch sprachliche Symbole zu entwickeln. Ein bestimmter Begriff tritt als Symbol an die Stelle von Personen, Gegenständen oder Handlungen. Dabei geht es nicht um eine Abbildung der realen Wirklichkeit; das Kind benützt den Begriff entsprechend seinen eigenen Vorstellungen.
Das Kind, das ganz alleine „Autofahren“ spielt, spricht mit nicht vorhandenen Personen oder Alltagsgegenständen, die die Rollen der Mitfahrer einnehmen. Der Topfdeckel wird als Lenkrad bezeichnet und die Stühle werden zu Autositzen. Eine Packung Papiertaschentücher kann die Funktion eines Handys übernehmen.
Piaget spricht bei diesen Gegenständen von Vorbegriffen, weil ein konkreter Gegenstand beim Kind entsprechend seinen Vorstellungen aktiv gestaltet oder umgestaltet wird.

3. Die Stufe des anschaulichen Denkens (4 bis 7/8 Jahre)

In dieser Stufe ist die Anschauung für den Erwerb der Sprache sehr wichtig.
So ist ein 5-jähriges Kind zum Beispiel noch nicht in der Lage, den Oberbegriff zu „Messer“ zu finden. Statt „Besteck“ wird es etwa sagen: „Ein Messer zum Schneiden“.
Das Kind ist in dieser Phase nicht in der Lage, mehrere Aspekte gleichzeitig zu erfassen. Piaget hat das mit dem folgenden Experiment belegt:
Wird beispielsweise eine Flüssigkeit vor den Augen eines 4-jährigen Kindes von einem breiten in ein schmales Glas umgefüllt, glaubt es, dass in dem schmalen Glas nun mehr ist als in dem breiten. Das Kind ist nicht imstande, mehrere Aspekte gleichzeitig zu erfassen. Es orientiert sich an einem einzigen Faktor: an dem der sichtbaren Veränderung. Die Möglichkeit, mehrere Aspekte einer Situation gleichzeitig zu berücksichtigen oder aufeinander zu beziehen, bleibt ihm noch verwehrt.

Dieses Experiment findet man als kurzen Film im Internet:
http://www.helles-koepfchen.de/artikel/1767.html

Nach Ansicht neuerer Forschungen sind *zwischenmenschliche Beziehungen* dafür verantwortlich, ob und wann ein Kind mehrere Aspekte einer Situation gleichzeitig berücksichtigt bzw. aufeinander bezieht.

4. Die Stufe der konkreten Operationen (7/8 bis 11/12 Jahre)

Auf dieser Stufe ist das Kind in der Lage, sich wechselseitige Beziehungen von Gegenständen und Sachverhalten vorzustellen. Dabei spielt die konkrete anschauliche Wahrnehmung nun keine Rolle mehr. Auch das hat Piaget versucht, in dem oben bereits angesprochenen Versuch darzustellen.

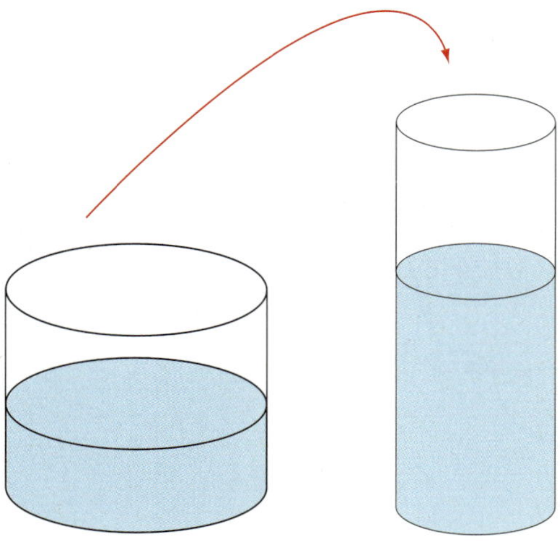

So kann das Kind nun erkennen, dass die Flüssigkeitsmenge in einem kleinen, aber dicken Gefäß dieselbe ist, wie die in einem größeren, dafür aber dünneren Gefäß.
Das Denken wird also unabhängiger von der Wahrnehmung des Kindes, ist jedoch immer noch an konkrete Sachverhalte gebunden, obwohl sich das Kind geistig vom momentanen Geschehen distanzieren kann.
Das auf sich bezogene Denken verschwindet, schlussfolgerndes Denken wird möglich und das Kind wird fähig, Oberbegriffe zu bilden. Nun kann es Besteck als Oberbegriff für Messer herausfinden.
Im Rahmen des Umgangs mit Zahlen kann das Kind jetzt addieren und ab dem siebten Lebensjahr auch multiplizieren. Im Übergang zur nächsten Stufe kann das Kind auch dividieren.

5. Die Stufe der formalen Operationen ab 11/12 Jahre)

Diese Phase beginnt mit etwa 12 Jahren und bedeutet das Ende der Kindheit. Der Jugendliche kann jetzt:

- theoretische Regeln aus anschaulichen Gegebenheiten ableiten (induktives Denken)
- aus einer allgemeinen Regel auf einen konkreten Sachverhalt schließen (deduktives Denken)
- sich zu den vorgegebenen Informationen neue dazu suchen
- Behauptungen zu einem Sachverhalt aufstellen und dann genauer erläutern
- verallgemeinern
- über das Denken selbst nachdenken (Metadenken)

Hier ist nun auch die Fähigkeit zum abstrakten Zählen und damit zum algebraischen Rechnen gegeben.

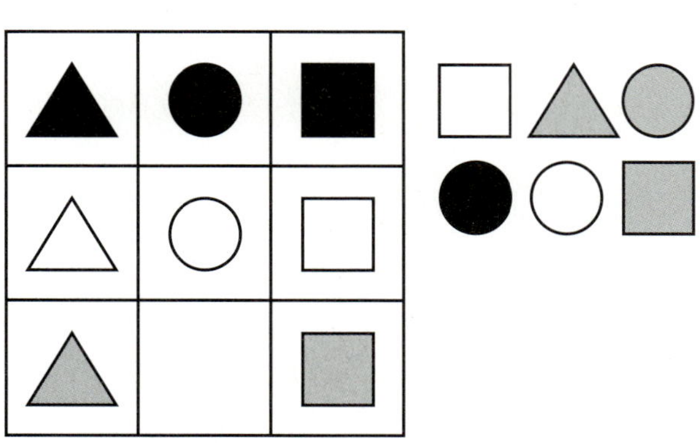

Während man früher glaubte, die Intelligenzentwicklung hätte mit 20 Jahren ihren Höchststand erreicht, weiß man heute, dass man die Intelligenz unterschiedlich betrachten muss. Schnelles Erfassen und Reagieren nimmt im Alter ab, während das Allgemeinverständnis und der Sprachgebrauch im Alter gleich bleibt oder sogar noch zunimmt.

■ Grundsätzlich gilt, dass ein Mensch auch im Alter geistig umso leistungsfähiger ist, je mehr er sich in seinem Leben geistig beschäftigt und fordert. ■

Assimilation und Akkommodation sind Formen der Anpassung (Adaption) des Menschen an seine Umwelt. Menschen streben nach einem Gleichgewicht (Äquilibrium) zwischen Assimilation und Akkommodation. Nur wenn dieser Prozess auftritt, kommt es zur Denkentwicklung.

Allgemeines Prinzipienbild

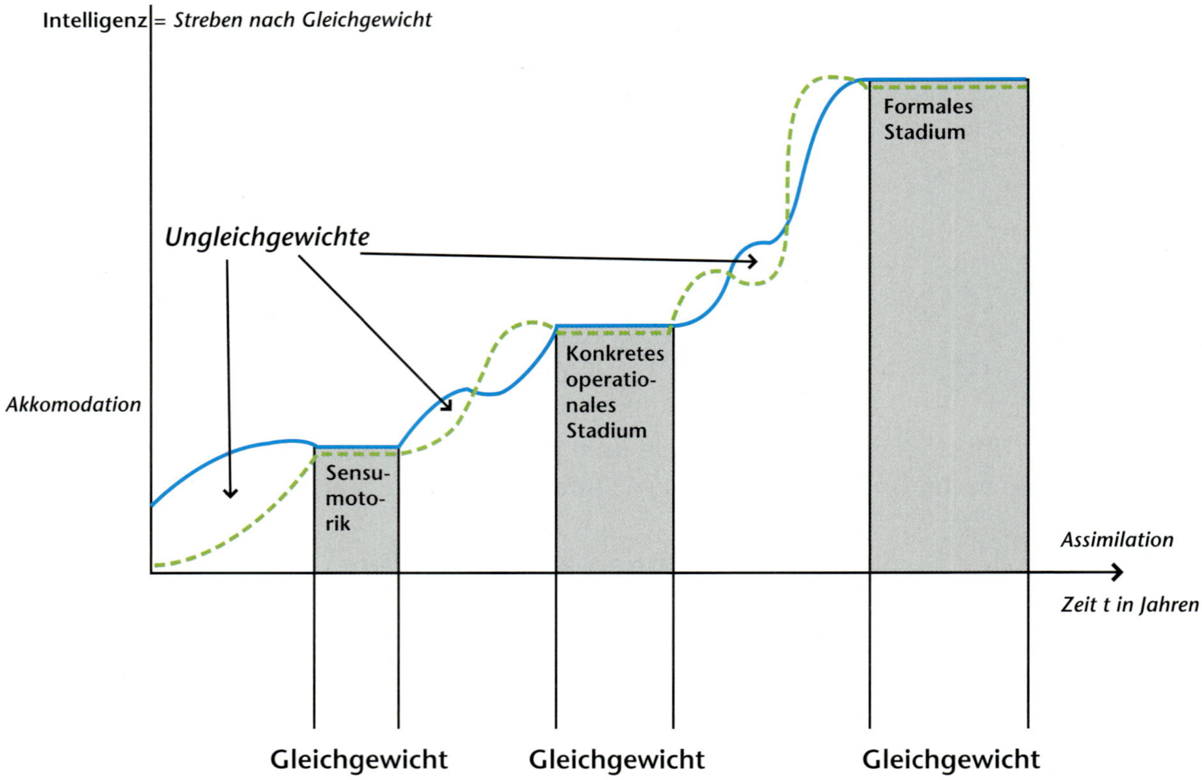

Aufgaben:

1. *Die Modellvorstellungen von Piaget sind nicht unumstritten, erarbeiten Sie sich mithilfe des Internets Kritikpunkte an der Theorie.*
2. *Finden Sie weitere Beispiele für die kindliche Entwicklung, die Piagets Theorie belegen.*
3. *Ordnen Sie diese Beispiele den verschiedenen Stufen zu.*

10 Entwicklungsaufgaben nach Hurrelmann

Entwicklungsaufgaben des Kindesalters

- Aufbau von emotionalem Grundvertrauen
- Entwicklung der Intelligenz
- Entwicklung von motorischen und sprachlichen Fähigkeiten
- Entwicklung von grundlegenden sozialen Kompetenzen

selbstständige Leistungserbringung →

selbstständige Gestaltung der Sozialkontakte →

Entwicklungsaufgaben des Jugendalters

- intellektuelle und soziale Kompetenz
- eigene Geschlechtsrolle und Partnerfähigkeit
- Fähigkeit zur Nutzung des Warenmarktes
- Entwicklung eines Norm- und Wertesystems

Berufsrolle →

Partner- und Familienrolle →

Kultur- und Konsumentenrolle →

politische Bürgerrolle →

Entwicklungsaufgaben des Erwachsenenalters

- ökonomische Selbstversorgung
- Familiengründung und Kinderbetreuung
- Teilnahme am Kultur- und Konsumleben
- politische Partizipation

Temme, 2010

Aufgaben:

1. *Erklären Sie das oben dargestellte Schaubild.*

2. *Bearbeiten Sie in Gruppen jeweils einen Entwicklungsbereich und finden Sie anschauliche Beispiele.*

3. *Wie haben Sie bis heute diese Entwicklungsbereiche durchlaufen?*

11 Gesetzmäßigkeiten der Entwicklung

Entwicklung verläuft nach bestimmten Gesetzmäßigkeiten, d. h. sie läuft gewissermaßen bei allen Menschen gleich ab, nach einem bestimmten Muster.

1. Logische Reihenfolge

Veränderungen treten immer in einer bestimmten Reihenfolge auf. Dies gilt für die Entwicklung in allen Bereichen. Die Reihenfolge ist nicht veränderbar, sie wird durch die Erbanlagen bestimmt. Die Veränderungen hängen miteinander zusammen und bauen aufeinander auf.
Die Entwicklungsschritte können, wenn keine extremen Bedingungen herrschen, einer bestimmten Altersstufe zugeordnet werden. Schlechte Umweltbedingungen können Entwicklungsschritte verzögern, schlimmstenfalls sogar verhindern.
So vollzieht sich die Sprachentwicklung bei allen Kindern dieser Welt in vergleichbaren Stufen, die der Reihe nach durchlaufen werden. Säuglinge bis zu einem halben Jahr schreien, dann reihen sie Silben aneinander, mit etwa einem Jahr sprechen sie einzelne Worte usw.

2. Differenzierung und Integration

Differenzierung bedeutet Verfeinerung des Erlebens und Verhaltens. Mit zunehmenden Alter und voranschreitender Entwicklung stehen dem Kind mehr Möglichkeiten des Erlebens und Verhaltens zur Verfügung.

Damit durch die Differenzierung kein Chaos entsteht, verläuft parallel dazu die **Integration**. Einzelne Teile werden durch die Integration im Zusammenhang gesehen und in Beziehung miteinander gebracht.

Bei der Betrachtung dieses Bildes zählen kleine Kinder zunächst zusammenhanglose Einzelheiten auf, die sie sehen, z. B. ein Mann, ein Junge usw. Mit ca. drei Jahren kann das Kind auf die Frage „Was machen die Leute da?" antworten: „Der Mann schimpft." Schließlich, mit fünf oder sechs Jahren, können die Kinder größere Einheiten überblicken, z. B. „Der Mann schimpft mit dem Jungen." Die Kinder sind nun in der Lage, Einzelheiten eines Bildes miteinander in Beziehung zusetzen und Handlungsabfolgen nachzuvollziehen. Im neunten Lebensjahr kann man dann erwarten, dass das Kind auch den Hintergrund erfasst. In diesem Fall: „Da wird der Falsche bestraft."

3. Kanalisierung und Verfestigung

Der Mensch hat bei seiner Geburt, bedingt durch Erbanlagen, eine Fülle von Möglichkeiten, Verhalten und Eigenschaften zu entwickeln. Durch den Einfluss der Umwelt (z. B. Geschwister oder nicht, Erziehungsstil der Eltern usw.) werden diese Möglichkeiten eingeschränkt und in bestimmte Bahnen gelenkt. Sie werden kanalisiert.

Der Mensch kommt mit der Fähigkeit zum Spracherwerb auf die Welt. Durch die Umwelt wird er eine bestimmte Sprache, z. B. Deutsch, lernen. Wäre er woanders aufgewachsen, hätte er eine andere Sprache gelernt.

Aber auch die Möglichkeiten, sich in einer bestimmten Sprache auszudrücken, sind von der Umwelt abhängig. So macht es sich z. B. im Sprachvermögen der Kinder bemerkbar, ob die Eltern sich sehr differenziert ausdrücken und über einen großen Wortschatz verfügen.

Im Laufe der Zeit verfestigen sich diese Verhaltensweisen dann und werden zu Gewohnheiten.

Aufgaben:

1. *Lesen Sie den Text und unterstreichen Sie die wichtigsten Aussagen.*
2. *Versuchen Sie kurze Merksätze zu den einzelnen Gesetzmäßigkeiten zu formulieren.*
3. *Finden Sie Beispiele zu diesen Gesetzmäßigkeiten aus Ihrer eigenen Praxis.*

12 Amala und Kamala, die Wolfskinder

Auf einer Missionsreise durch den Dschungel, einige hundert Kilometer westlich von Kalkutta, hörte der katholische Geistliche J. A. L. Singh 1920 in einem Dorf, in der Nähe spuke ein greulicher Geist. Er begab sich an den Ort des Spuks, wartete dort auf einem Hochstand – und sah zwei erwachsene und zwei junge Wölfe aus ihrem Bau kommen.

„Dicht hinter den Jungen kam der Geist – ein schrecklich aussehendes Wesen – Hand, Fuß und Körper wie ein Menschenwesen; aber der Kopf war ein großer Ball von irgendetwas, was die Schultern und einen Teil des Oberkörpers bedeckte und nur die scharfen Umrisse eines Gesichts freiließ, und dieses Gesicht war das eines Menschen. Auf den Fersen folgte ihm ein anderes grässliches Geschöpf, das genau wie das erste aussah, nur etwas kleiner war […].“ Gerade konnte Singh seine Begleiter noch davon abhalten, auf die Geister zu schießen. Eine Woche später kam er zurück, vertrieb die Wölfin aus dem Bau (sie wurde mit einem Pfeil getötet), fand darin zwei junge Wölfe (sie wurden verkauft), ängstlich zusammengekuschelt mit zwei kleinen Mädchen (sie nahm er mit in sein Waisenhaus in Midnapore) […]. Das ältere der beiden Wolfsmädchen – Kamala genannt – war etwa acht, das jüngere – Amala – wurde auf anderthalb geschätzt. Amala starb nach knapp einem Jahr im Waisenhaus (und ihre Schwester zeigte sich bei ihrem Tod tief verstört), Kamala starb 1929. Beide liefen auf allen Vieren: langsam auf Händen und Knien, aber auf Händen und Zehen, wenn es schnell gehen sollte. Erst nach fast drei Jahren im Waisenhaus und unter größten Mühen lernte Kamala ohne Hilfe auf zwei Beinen stehen, wenn sie es eilig hatte, ließ sie sich bis zu ihrem Tod auf allen Vieren hinab. Anfangs mochten sich beide nicht baden und waschen lassen. Hitze und Kälte spürten sie nicht. Kleidung rissen sie sich vom Leib; der Lendenschurz musste ihnen festgeknotet werden. Erst als sie in die Pubertät kam, begann Kamala an Kleidung Gefallen zu finden. Ihre Nahrung schleckten sie zunächst nur aus Schalen am Boden. Noch lange aßen sie nur rohes Fleisch, auch Aas, das sie mit unmenschlich scharfer Nase schon von weither rochen und von dem sie sogar Geier verjagten. 1922 beobachtete man, wie Kamala ein totes Huhn fand und mit ihm sofort ins Gebüsch lief, wo sie es offenbar fraß – als sie wenig später wieder hervor kam, hingen ihr noch einige seiner Därme aus dem Mund. Noch lange stahl sie Fleisch wo immer möglich. Erst 1925 gewöhnte sie sich an Gesalzenes.

In der Dunkelheit sahen beide vorzüglich, und sie war ihnen lieber als das Tageslicht. Den Tag verbrachten sie meist dösend und in eine Ecke starrend, gegen Abend wurden sie munter. Nachts strichen sie furchtlos draußen umher; um zehn, ein und drei Uhr stießen sie regelmäßig ein heiseres Geheul aus, das sich zu einer Art schrillem Klageruf steigerte. Erst ab 1928 entwickelte Kamala die menschenübliche Furcht vor der Dunkelheit. Zunächst hielten beide die Menschen offenbar nicht für Artgenossen, sondern fühlten sich viel mehr zu Hunden und anderen Tieren hingezogen. Menschen mieden sie; sie fauchten sie an, kratzten sie, bissen sie. Beide mussten regelrecht gezähmt werden. Erst ab 1927 rechnete sich Kamala eindeutig zu den Kindern. Insgesamt schien Amala, die jüngere, das Menschsein leichter und schneller zu lernen. Sehr langsam gewann Kamala etwas Sprache. Nach zwei Jahren sagte sie „bhu, bhu“, wenn sie Durst hatte. Nach vier Jahren verstand sie den Sinn von Fragen und benutzte selber sechs Wörter. Nach sechs Jahren war ihr aktives Vokabular auf etwa 30 Wörter für die Dinge ihrer Umgebung angewachsen, nach sieben bildete sie Kurzsätze wie „bak-pu wo“ (Puppe-im-Kasten). Damit brachte Kamala es immerhin weiter als die meisten wilden Kinder. Aber verglichen mit der normalen kindlichen Sprachentwicklung verlief auch ihr Spracherwerb außerordentlich langsam und ineffektiv. Von ihrer Kindheit in einer Wolfsfamilie hätte sie wahrscheinlich auch dann nie erzählen können, wenn sie länger gelebt hätte.

Zimmer, 1985, S. 60

Aufgaben:

1. *Erstellen Sie eine Tabelle mit zwei Spalten – eine für „Amala und Kamala" und eine für „normale Kinder".*
2. *Füllen Sie die Tabelle mit allen Eigenschaften, die „die Wolfskinder" von „normalen Kindern" unterscheiden".*
3. *Finden Sie Oberbegriffe für die einzelnen Bereiche, z. B. Motorik.*
4. *Wenden Sie die Begriffe Kanalisierung, Verfestigung, kritische und sensible Phase auf die Wolfskinder an.*

Oberbegriffe	Amala und Kamala	normale Kinder

13 Passivrauchen bedroht Kindergesundheit

Bundeszentrale für gesundheitliche Aufklärung stellt neue Medien zur Förderung des Nichtrauchens während der Schwangerschaft und zum Schutz von Kleinkindern vor

Anlässlich der diesjährigen Europäischen Woche gegen den Krebs (11. bis 17. Oktober 2004) will die Bundeszentrale für gesundheitliche Aufklärung (BZgA) gezielt auf die gesundheitliche Gefährdung durch das Rauchen bei zwei besonders vulnerablen Personengruppen hinweisen: Hierzu gehört die Gruppe der Ungeborenen, die durch den Tabakkonsum ihrer Mütter zum Mitrauchen gezwungen werden sowie Kinder, die durch die Folgen des Passivrauchens gefährdet sind. Beide Gruppen sind den krebserregenden Stoffen des Tabaks ausgesetzt und dadurch in ihrer körperlichen Gesundheit erheblich beeinträchtigt.

Vor diesem Hintergrund hat die Bundeszentrale für gesundheitliche Aufklärung neues Informationsmaterial für die verantwortlichen Erwachsenen entwickelt. Hierzu gehört eine Informationsbroschüre für Schwangere, ein Leitfaden für Gynäkologen und Hebammen für die Raucherentwöhnungsberatung im Rahmen der Schwangerenvorsorge und ein Faltblatt, das Eltern über die negativen Folgen des Passivrauchens für ihre Kinder informiert. Mit diesen Medien will die BZgA auf die massiven gesundheitlichen Auswirkungen des Tabakkonsums für ungeborene und geborene Kinder aufmerksam machen.

„Die negativen Folgen des Rauchens für die Entwicklung des ungeborenen Kindes sind gravierend. Deshalb ist eine ausreichende Beratung und Unterstützung werdender Mütter zum Rauchverzicht in der Schwangerschaft dringend notwendig“, mahnt Dr. Elisabeth Pott, Direktorin der Bundeszentrale für gesundheitliche Aufklärung. „Hier bietet der regelmäßige Kontakt mit Hebammen und Gynäkologen im Rahmen der Schwangerenvorsorge eine sehr gute Voraussetzung zur erfolgreichen Nikotinentwöhnung.“ Auch über die negative Wirkung des Passivrauchens müssen Eltern informiert sein. Sie sollten wissen, dass Kinder in einem verqualmten Raum pro Stunde so viele Giftstoffe einatmen, als ob sie selbst eine Zigarette rauchen würden. „Lassen Sie deshalb Ihr Kind in einer rauchfreien Umgebung aufwachsen! Die Gesundheit Ihres Kindes sollte es Ihnen wert sein“, so die Direktorin der BZgA Dr. Elisabeth Pott.

Raucht die werdende Mutter während der Schwangerschaft, gibt es für das ungeborene Kind kein Entrinnen vor den schädlichen Folgen des Nikotinkonsums. Zigarettenrauch ist ein chemischer Cocktail von ca. 4000 verschiedenen chemischen Substanzen, von denen zahlreiche eine giftige Wirkung haben und etwa 40 nachweislich Krebs auslösen. Durch die Versorgung über die Plazenta und die Nabelschnur erreichen Giftstoffe auch das ungeborene Kind. So können zum Beispiel krebserregende Substanzen wie polyzyklische aromatische Kohlenwasserstoffe und tabakspezifische Nitrosamine in den Organismus des ungeborenen Kindes gelangen und die gesundheitliche Entwicklung des Ungeborenen stören. Das von der werdenden Mutter mit dem Zigarettenrauch eingeatmete Kohlenmonoxid führt beim Embryo zu einer Sauerstoffunterversorgung mit der Folge, dass die körperliche Entwicklung beeinträchtigt ist.

Rauchen während der Schwangerschaft beeinflusst das Längenwachstum der Kinder im Mutterleib ungünstig. Kinder von Raucherinnen haben ein geringeres Geburtsgewicht und einen kleineren Kopfumfang, wobei das Ausmaß dieser Wachstumsstörungen mit der Zahl der während der Schwangerschaft gerauchten Zigaretten steigt. Als Folge des Rauchens wird auch die vorgeburtliche Entwicklung der Lunge beeinträchtigt, sodass eine verminderte Lungenfunktion bei den Neugeborenen nachweisbar ist. Durch die Passivrauchbelastung im Mutterleib können bei den Kindern körperliche Fehlbildungen, wie z. B. Lippen-Gaumenspalten, entstehen. Darüber hinaus nimmt das Risiko für Fehl- oder Totgeburten sowie für den Plötzlichen Kindstod deutlich zu, wenn während der Schwangerschaft geraucht wird.

Passivrauch bedroht vor allem die Gesundheit von Kindern. So sind stark krebserregende Stoffe aus der Gruppe der Nitrosamine in der Tabakrauch verunreinigten Innenraumluft um bis zu hundertmal stärker konzentriert als im sogenannten Hauptstromrauch – dem Rauch, den die Raucher selber einatmen. Der Giftstoff Ammoniak ist sogar bis zum Hundertsiebzigfachen stärker im Zigarettenqualm der Raumluft konzentriert als im inhalierten Zigarettenrauch. Besonders kleine Kinder sind durch die Folgen des Passivrauchens gefährdet. Ihre körperliche Entwicklung ist bei Weitem noch nicht ausgreift, sodass ihr Körper anfälliger für die Giftstoffe des Zigarettenrauchs ist. Außerdem nehmen Kleinkinder in Relation zu ihrem Körpergewicht mehr Atemluft auf als Erwachsene mit der Folge, dass sie im Verhältnis zu ihrem Körpergewicht auch deutlich mehr giftige Substanzen aufnehmen als Erwachsene. Für alle, die zusätzliche Informationen oder Beratung zum Rauchverzicht benötigen, steht die **Telefonberatung der BZgA zur Rauchentwöhnung** von Montag bis Donnerstag von 10.00–22.00 Uhr und von Freitag bis Sonntag von 10.00–18.00 Uhr unter der Telefonnummer 01805-313131 (12 Cent/Minute) zur Verfügung.

Die Medien „Ich bekomme ein Baby – Rauchfrei in der Schwangerschaft", Broschüre „Leitfaden für die Beratung Schwangerer zum Rauchverzicht" für Gynäkologen und Hebammen „Ihr Kind raucht mit – Was Sie über Passivrauchen wissen sollten", Faltblatt können kostenlos unter folgender Adresse bestellt werden:
Bundeszentrale für gesundheitliche Aufklärung, 51101 Köln
Fax: 0221-8992257, e-mail: order@bzga.de, www.bzga.de

Bundeszentrale für gesundheitliche Aufklärung, 2004

14 Reflexe des Neugeborenen

Es sind fünf verschiedene Reflexe bekannt:

1. Moro-Klammerreflex

Bei lautem Geräusch oder stärkerer Erschütterung macht das Kind klammerartige Bewegungen mit den Armen und Beinen.

2. Palma-Reflex

Berührt man die Innenfläche der Hand des Säuglings, dann schließt sie sich.

3. Babinski-Reflex

Bei der Berührung der Fußsohle spreizt sich die große Zehe ab.

4. Saugreflex

Werden die Lippen des Neugeborenen berührt, so machen sie saugartige Bewegungen.

5. Suchreflex

Wird das Kind an die Mutterbrust gelegt, so dreht es den Kopf so lange hin und her, bis es die Brustwarze gefunden hat. Im Laufe der Zeit bilden sich die Reflexe zurück. Ein Reflex, der am Leben erhalten bleibt, ist der Knie-Sehnen-Reflex, den der Arzt bei Untersuchungen hervorruft. Bei Beklopfen der Sehne unterhalb der Kniescheibe schnellt der Unterschenkel nach oben. Abweichungen des Knie-Sehnen-Reflexes lassen Schlüsse auf krankhafte Veränderungen des Zentralnervensystems zu.

Aufgabe:
Erklären Sie, warum der Mensch in seiner Entwicklung auf Reflexe verzichten kann.

15 Sprachentwicklung im Vorschulalter

Alter	Aussprache	Wortschatz	Satzbau
ab 0 Monate	Schreien, Gurren		
ab 2 Monate	Beginn der 1. Lallphase, Gurgel- und Sprudellaute, … (von taktilen Reizen im Mund gesteuert)		
ab 4 Monate	Schmatz- und Zischlaute, Vokallaute, erste Silben		
ab 6 Monate	Beginn der 2. Lallphase (vom Hören gesteuert) Silbenketten: *bababa* …		
ab 12 Monate (ab 1 Jahr)	Lallen, große Vielfalt an Lauten, Echolalie	erste Wörter, Silbenverdoppelungen, „Papa, Mama"; Babysprache	
ab 18 Monate (ab 1 1/2 Jahre)	*p, b, m, n* Kind fängt an erste Laute gezielt zur Wortbildung einzusetzen	bis zu Wörtern, z. B.: „wauwau, Ball, …" starke Zunahme des Wortschatzes	Einwortsätze mit unterschiedlicher Betonung
ab 24 Monate (ab 2 Jahre)	*w, f, t, d* Laute der 1. und 2. Artikulationszone kommen hinzu	50–200 Wörter, primär Nomen sowie erste Verben und Adjektive	1. Fragealter (mit Satzmelodie), Zwei- und Dreiwortsätze, sie sind grammatikalisch noch nicht richtig
(ab 2 1/2 Jahre)	*g, k, ch, r* Laute der 3. Artikulationszone kommen hinzu	Wortschatz wird weiter stark ausgebaut, Wortneuschöpfungen, erster Gebrauch von „ich"	Mehrwortsätze (Anstieg), Endungen von Nomen und Verben noch nicht richtig
ab 3 Jahre	*bl-, kn-, kr-, gr,* … erste schwierige Konsonantenverbindungen	starke Zunahme des Wortschatzes	2. Fragealter (wer, wie, was warum, …), einfache Sätze richtig, erste Nebensatzbildungen
ab 4 Jahre	Beherrschung der Laute der Muttersprache bis auf evtl. Zischlaute (*s, z, sch*) und schwierige Konsonantenverbindungen (*kl-, gl-, dr-* , *br-* …)	Wortschatz nimmt stark zu (u. a. Farben und Pronomen)	fast sicher in der Umgangssprache, Bildung längerer Sätze, schwierige Konstruktionen teilweise noch nicht normgerecht, Nebensätze, manchmal entwicklungsbedingtes Stottern
ab 6 Jahre	Beherrschung aller normgerechten Laute	Wortschatz groß genug zum differenzierten Ausdruck, abstrakte Begriffe werden kindgemäß sicher verwendet	Grammatik wird gut beherrscht, Gedankengänge können beschrieben werden (mehrere Zeit- und Pluralformen), Nacherzählen/Berichten von Erlebnissen und Geschichten

Biedermann, 2010

16 Eckdaten der Sprachentwicklung

bis 7 Wochen:	Schreiperiode
bis ca. 6. Monat:	1. Lallperiode (undifferenzierte Lautproduktion)
bis ca. 8. Monat:	2. Lallperiode (langsame Reduzierung auf die sprachspezifischen Laute, Nachahmung der eigenen und auch fremder Sprachmelodien und Rhythmus)
8. bis 9. Monat	erstes „Sprachverstehen“
9. bis 12. Monat:	erste intentionale Sprachäußerungen
13. bis 15. Monat:	zunehmendes Erkennen von Wortbedeutungen (Symbolfunktion der Sprache)
12. bis 18. Monat:	Einwortsätze, Wortschatz bis zu ca. 50 Wörter
18. bis 24. Monat:	Zweiwortsätze, Wortschatz ca. 200 Wörter, 1. Fragealter beginnt d. h. einfache Fragen werden verstanden und z. T. auch benutzt
24. bis 36. Monat:	Mehrwortsätze, erste Präpositionen (in, auf, unter …), Pronomen (ich, du …) Wortschatz ca. 900 Wörter
36. bis 60. Monat:	komplexe Sätze, Wortschatzerweiterung, Grammatik und Lautbildungsfehler immer seltener, 2. Fragealter d. h. Anwendung und Verständnis komplexer Fragekonstruktionen

Heinemann, 1983

17 Familie heute – Unterschiedliche Familienformen

Die __________________ Vater-Mutter-Kind-Familie kann in Deutschland nicht mehr als häufigste __________________ bezeichnet werden.

Die __________________ der Industriegesellschaft, auch als moderne __________________ bezeichnet, hat sich seit den 70er Jahren zunehmend ausdifferenziert. Der __________________ des Heiratsalters brachte eine Vielzahl __________________ Lebensformen bei jungen Erwachsenen hervor. Neben den Singles, dem „Living-apart-together", der nicht ehelichen __________________ gibt es heute auch bei den klassischen Lebensformen eine große Ausdifferenzierung.

Die Zahl der __________________ (= ein Mensch der ohne feste Bindung an einen Partner und ohne minderjährige Kinder im Haushalt lebt) hat in den letzten Jahren stark zugenommen. So lebte 2006 fast jede __________________ Person (14,9 Mio. Menschen) alleine.

Aber auch die Zahl der __________________ (= ein Elternteil, das minderjährige Kinder alleine betreut und erzieht) stieg in den letzten Jahren stark an.

Auch die Stief- bzw. __________________ (= Familien, bei denen mindestens ein Elternteil ein Kind aus einer früheren Beziehung in die neue Familie mit eingebracht hat) steigen stark an, so ist dies schon der __________________ Familientyp nach Kernfamilien und Alleinerziehenden. Zurzeit ist jede siebte Familie eine Patchworkfamilie.

Aber auch Familienformen wie die __________________ (= eine Familie mit zwei gleichgeschlechtlichen Partnern mit minderjährigen Kindern) sind auf dem Vormarsch.

Immer mehr Kinder werden aber auch in __________________ (= Familien, die ein fremdes Kind, das aus unterschiedlichen Gründen nicht (mehr) von seinen Eltern selbst erzogen werden kann, über einen längeren Zeitraum bei sich aufnehmen, betreuen und erziehen) groß.

Generell lassen sich mehrere __________________ von Pflegeverhältnissen unterscheiden: Kurzzeit-, Wochen- und __________________. Daneben gibt es für akute Notfälle Bereitschaftspflegestellen. Bei der Vollzeitpflege wird ein Kind für längere Zeit in die Familie der __________________ aufgenommen. Die Dauerpflege hat Vorrang vor der Heimerziehung, ist aber nachrangig gegenüber der Adoption.

Aufgabe:
Füllen Sie den Lückentext aus.
Benutzen Sie dafür folgende Wörter:
Singles, Pflegeeltern, Familie, Arten, Alleinerziehenden, Vollzeitpflege, Regenbogenfamilie, klassische, dritthäufigste, Anstieg, Pflegefamilien, Lebensform, Kleinfamilie, unterschiedlicher, Lebensgemeinschaft, fünfte, Patchworkfamilien

18 Die Bedeutung der Familie

1. Wie wichtig sind diese Personen für Ihr Leben zurzeit?

	Sehr wichtig	Weniger wichtig	Gar nicht wichtig	Habe ich nicht
Vater				
Mutter				
Bruder/Brüder				
Schwester(n)				
Großeltern				
Tante/Onkel				
gleichaltrige Verwandte				
gute Freundin/ guter Freund				
Freundesgruppe				
Mitschülerinnen/ Mitschüler				
Sonstige				

2. Was bedeutet Ihnen Ihre Familie und Ihre Eltern?

	Trifft zu	Trifft nicht zu
Der Zusammenhalt in unserer Familie ist viel stärker als in anderen Familien.		
Für mich kommen meine Eltern an erster Stelle. Sie sind meine Vorbilder.		
Von meinen Eltern fühle ich mich am besten verstanden. Sie helfen mir bei wichtigen Entscheidungen.		
Meine Eltern hören mir fast immer zu und versuchen, sich in meine Probleme hinein zu denken und Probleme gemeinsam mit mir zu lösen.		
Meine Eltern nehmen sich genügend Zeit für mich und wir verbringen viel Zeit gemeinsam in der Familie.		

vgl. Deutsche Shell, 2000, S. 73, 87, 458

19 Funktionswandel der Familie

Der Begriff „Familie“ im heutigen Sinne, als Bezeichnung für eine eigenständige Eltern-Kind-Gruppe, taucht im deutschen Sprachgebrauch erst ab Mitte des 18. Jahrhunderts auf. Bis dahin kannte man nur das „Haus“ als Gemeinschaft, die den Hausherrn und seine Angehörigen einschließlich des Gesindes umfasste. Das „Haus“ bildete eine geschlossene Lebensform, gegründet auf gemeinsamer Produktion und Konsum, gegenseitiger Fürsorge und Gehorsam gegenüber dem Herrn.

Die Auflösung der feudalen Bindungen, das Vordringen neuer Produktionsformen und die zunehmende Verstädterung führten zwangsläufig auch zur Auflösung des „Hauses“ und zur Bildung von Einzelfamilien. Die industrielle Revolution hat diesen Prozess beschleunigt und das Familienleben selbst grundlegend verändert. Den wohl tiefsten Einschnitt bildete die *Trennung von Hausgemeinschaft und Arbeitsstelle*. Während Büro und Fabrik immer mehr dem reinen Arbeitszweck unterworfen wurden – mit wachsenden physischen und psychischen Belastungen –, wurde die Familie zu einem privaten Bereich, der vor allem der Erholung und dem Ausgleich dient. Damit ergaben sich ganz neue Anforderungen an das (Rollen-) Verhalten der Familienmitglieder.
Eine weitere folgenreiche Entwicklung ist die *Schwächung des verwandtschaftlichen Zusammenhalts und die Ausgliederung der Kernfamilie aus gesellschaftlichen Funktionszusammenhängen.*

Rationalisierung, Industrialisierung und Demokratisierung haben in allen Lebensbereichen zu einer Differenzierung der gesellschaftlichen Strukturen geführt. Alte Sozialgebilde (Sippen, Kirchen, autoritäre Eliten) gaben Aufgaben und Funktionen an neu entstehende Sozialgebilde ab: hoch technisierte Industriebetriebe spezialisierten sich auf Produktion, Schulen auf Erziehung, Gerichte auf Rechtsprechung, Einrichtungen der Versicherung, Versorgung und Fürsorge auf die soziale Sicherheit des Einzelnen, Behörden auf Verwaltung, Vereine auf das Freizeitleben, Parteien und Interessenverbände auf Politik etc. In dieser Weise wurden früher zusammenhängende Lebensbereiche voneinander isoliert.

Die abnehmende Bedeutung von Verwandtschaftsgruppen zeigt sich besonders in der Übertragung erzieherischer und fürsorglicher Aufgaben an spezielle gesellschaftliche Einrichtungen. So werden Kinder heutzutage in Kindergärten und Schulen betreut und ausgebildet, Kranke in Krankenhäusern gepflegt und alte Menschen in Altenheimen untergebracht (vgl. Neidhardt, 1970, S. 33 f.).

Aufgaben:

1. *Arbeiten Sie die gesellschaftlichen Prozesse heraus, die zum Funktionswandel der Familie geführt haben.*
2. *Beschreiben Sie mithilfe des Textes wesentliche Aufgaben der Familie (des Hauses) früher. Stellen Sie fest, wer in der heutigen Zeit diese Aufgaben übernimmt? Übertragen Sie die Tabelle in Ihr Heft.*

Aufgaben in der Familie früher	Heutige Aufgabenübernahme
– gemeinsame Produktion von Gütern bzw. Waren	

20 Auswertung von Schaubildern und Diagrammen

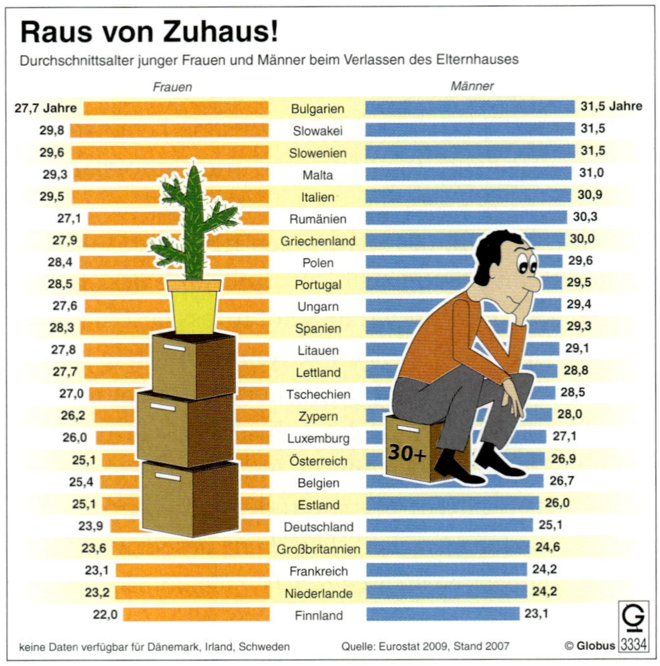

Schaubilder und Diagramme können wichtige Hilfen sein, um Daten und Entwicklungen darzustellen und zu verdeutlichen.

Die folgenden Schritte sollen Ihnen helfen diese auszuwerten:

1. Thema benennen

Was ist auf dem Schaubild dargestellt? Das Thema der Darstellung findet man in der Überschrift, unter oder neben dem Schaubild.
In einer Einleitung soll auch die Quelle und das Erscheinungsjahr angegeben werden.

2. Beschreibung des Schaubildes/Diagramms

- Was sieht man?
- Welche Maßeinheit, welcher Maßstab wurde gewählt.
- Welche Auffälligkeiten kann man erkennen? Gibt es besonders hohe bzw. niedrige Zahlen?
- Kann man Entwicklungsrichtungen erkennen?

3. Auswertung des Schaubildes/Diagramms

- Welche Informationen erhält man aus der Darstellung?
- Versuchen Sie besonders hohe bzw. niedrige Werte zu erklären.
- Versuchen Sie aus der Darstellung Ursachen für die Entwicklung abzuleiten.
- Was kann man in dem Schaubild erkennen, was nicht.
- Ziehen Sie ein abschließendes Fazit.

21 Beispiele für Gewalt in der Erziehung

Mutter schlug Baby den Schädel ein

Sechs Monate alter Säugling schwer verletzt in Krankenhaus eingeliefert
Prenzlauer Berg – Unfähig, ihr Baby zu lieben, schlug eine Mutter (41) ihrem kleinen Jungen den Schädel ein. Offenbar muss sie ihr Kind seit Geburt gequält haben. Als der Säugling in die Klinik kam, hatte er ein gebrochenes Bein und mehrere Bisswunden am Körper.

Ärzte im Krankenhaus entdeckten den grausamen Folterfall schon am Freitag. Ein Krankenwagen hatte den gerade erst sechs Monate alten Säugling gebracht. Die Mutter soll die Retter gegen 8 Uhr alarmiert haben – offenbar ein vager Anflug eines schlechten Gewissens. Sofort schalteten die Ärzte die Polizei ein. Als die Kinderschützer des Landeskriminalamtes die Wohnung in Prenzlauer Berg betraten, blieb ihnen die Spucke weg. Sie standen vor einem einzigen Chaos: Alles war von oben bis unten verdreckt. Die kleine Zwei-Zimmer-Buchte war mit Geschirr, Kleidung und einer Menge Kleinkram völlig zugestellt. „Sie war auf keinen Fall in einem kindgerechten Zustand", sagt ein Beamter.

Und mittendrin tapste auch noch ein dreijähriger Junge umher – der Bruder des schwer verletzten Babys. Das Jugendamt kümmert sich jetzt um die Kinder. Ihre Prügelmutter musste vor den Haftrichter.

KEI, 2010

Neuer Fall von Kindesmisshandlung: Mutter schlug Baby krankenhausreif

Greifswald/Papenburg (RPO). **Eine 20 Jahre alte Mutter hat in Greifswald in Mecklenburg-Vorpommern ihren dreieinhalb Monate alten Sohn schwer misshandelt. Der Junge wird seit Freitag wegen eines Schädelbruchs in der Kinderchirurgie der Universität Greifswald behandelt, wie ein Polizeisprecher aus Anklam am Sonntag sagte.**

Die Frau hatte zunächst angegeben, mit dem Jungen auf dem Arm gestürzt zu sein. Später gab sie zu, mehrfach mit der Faust auf den Kopf des Babys geschlagen zu haben. Sie hatte das Kind schon einmal im Alter von fünf Wochen misshandelt. Das Jugendamt war danach eingeschaltet worden, die Großmutter hatte bereits das Sorgerecht für den Jungen beantragt.

Die junge Frau, die aus Greifswald stammt und zuletzt im niedersächsischen Papenburg lebte, räumte gegenüber der Polizei ein, mit der Pflege und Erziehung des Kindes überfordert zu sein. Sie hatte dem schreienden Säugling bereits im Alter von fünf Wochen mit der Faust auf den Kopf geschlagen, um ihn zu beruhigen. Auch damals habe sie zunächst behauptet, sie sei mit dem Jungen gestürzt, sagte der Polizeisprecher.

Die Polizei Papenburg ermittelt wegen des Verdachts der Körperverletzung und Misshandlung von Schutzbefohlenen. Das Jugendamt Papenburg brachte die 20-Jährige und das Baby in einem Mutter-Kind-Heim unter. Es nahm zudem Kontakt zu der in Greifswald lebenden Großmutter des Säuglings und zum dortigen Jugendamt auf.

Die Großmutter holte die beiden zu sich nach Hause und beantragte das Sorgerecht für den Jungen. Als sie die Wohnung für nur zwei Stunden verlassen habe, habe die junge Mutter das Baby wieder geschlagen, sagte der Sprecher. Das Kind habe laut geschrien, sagte die Frau später der Polizei zur Begründung.

Mit einem Schädelbruch sowie blauen Flecken an Armen und Po wurde das Kind in die Kinderklinik in Greifswald gebracht. Rechtsmediziner wurden eingeschaltet, die den Verdacht der Kindesmisshandlung bestätigten. Auf Beschluss des Amtsgerichts Greifswald wurde die Tatverdächtige in einer psychiatrischen Einrichtung untergebracht. Der Tathergang sowie die Erklärungen der Mutter ließen darauf schließen, dass die Tat im Zustand verminderter Schuldfähigkeit begangen worden sei, sagte der Polizeisprecher. Dennoch werde sie sich für die Tat verantworten müssen. Auf Misshandlung von Schutzbefohlenen steht eine Freiheitsstrafe von sechs Monaten bis zu zehn Jahren.

RPO, 2007

Lebensgefahr: 18-jähriger Vater schlägt Baby fast tot

In Baden-Württemberg hat ein 18 Jahre alter Mann seinen Säugling mit einem wuchtigen Schlag fast getötet. Das erst zwei Monate alte Kind liegt mit schweren Verletzungen in einer Klinik und schwebt in Lebensgefahr.

Die Polizei hat einen 18-jährigen Mann festgenommen, der sein zwei Monate altes Baby fast totgeschlagen hat. Der junge Vater aus Pfullendorf (Baden-Württemberg) habe die Misshandlung des Säuglings zugegeben, teilte die Polizei mit. Gegen ihn wurde Haftbefehl erlassen. Der Mann habe gestanden, dem schreienden Baby einen „wuchtigen Faustschlag gegen den Hinterkopf" verpasst zu haben, weil er es nicht beruhigen konnte.

Die erst 16 Jahre alte Mutter des Kindes alarmierte nach dem Vorfall in der vergangenen Woche ihre Hebamme. Sie stellte dann bei einem Besuch den bedrohlichen Zustand des Kindes fest. Mit dem Rettungshubschrauber wurde es sofort in die Kinderklinik nach Ravensburg geflogen. Das Baby erlitt schwerste Schädelverletzungen. Sein Zustand habe sich zwar stabilisiert, es besteht nach Angaben der Polizei aber nach wie vor Lebensgefahr.

Die Ärzte stellten neben den frischen Verletzungen auch ältere Rippenbrüche fest. Da die Mutter die Verletzungen nicht erklären konnte, erstatteten die Ärzte am Freitag Anzeige. Am Tag darauf nahm die Polizei den Vater fest, der die Tat zunächst leugnete.

Nach Angaben des Landratsamtes Sigmaringen wohnte die 16-Jährige mit dem Baby bei ihrer Mutter. Mit dem Vater war sie nicht verheiratet. Das Jugendamt hatte ihr bereits im April einen Routinebesuch abgestattet. Dabei habe es „keinen Anlass zur Sorge und keine Hinweise auf eine nicht ordnungsgemäße Betreuung" gegeben, sagte ein Sprecher des Landratsamtes. „Das ist für uns genauso überraschend und schrecklich wie für alle anderen."

DPA/AP, 2008

Aufgaben:

1. *Suchen Sie sich einen der drei Artikel heraus und schreiben Sie dazu einen Leserbrief.*
2. *Was kann der Staat tun, um solche Fälle von Gewalt gegen Kinder zu verhindern?*

Familie: Gewalt ist bei Erziehung heute tabu

Gewalt bei der Erziehung ist für Eltern heute laut einer Studie tabu. Gleichzeitig wollen die meisten Mütter und Väter ihre Kinder zu mehr Selbstvertrauen und Eigenständigkeit erziehen.

Ein starkes Selbstbewusstsein, Durchsetzungsfähigkeit und Willensstärke sei den Eltern wichtiger als Anpassungsbereitschaft, Bescheidenheit und eine religiöse Orientierung, heißt es in einer am Mittwoch in Berlin vorgestellten Studie des Allensbacher Instituts für Demoskopie.

Bundesfamilienministerin Ursula von der Leyen (CDU) sagte zu den Ergebnissen: Die Ohrfeige ist out, bei Konflikten wird geschimpft, aber es wird nicht mehr körperlich gezüchtigt. Laut der Studie haben Mütter immer mehr Zeit für ihre Kinder, obwohl sie weit öfter berufstätig sind.

Nach den Ergebnissen des Generationen-Barometers 2009 hat die Hälfte der Eltern den Eindruck, dass die Kindererziehung heute schwieriger geworden ist. Viele Eltern machen sich Sorgen, dass ihr Nachwuchs zu viel vor Fernseher und Computer sitzt, sich zu wenig bewegt und zu fett isst. Mehr als die Hälfte der Bevölkerung wünscht sich von den Schulen, mehr bei der Erziehung zu helfen. Dafür hat sich die Erziehung von Mädchen und Jungen stark angeglichen.

Autoritäre Erziehungsstile und körperliche Strafen machen Diskussionen, Überzeugung und der Suche nach Kompromissen Platz. Während jeder Zweite über 60-Jährige noch mit Ohrfeigen bestraft wurde, ist dies nur bei 23 Prozent der 16- bis 29-Jährigen der Fall.

In armen und bildungsschwachen Familien sagt mehr als ein Drittel der Eltern und Großeltern, dass elektronische Medien öfter mal als Babysitter für die Kinder genutzt werden. In der Mittelschicht ist dies nur bei einem Fünftel der Familien der Fall. Mehr als die Hälfte der 14- bis 17-Jährigen aus der einfachen Schicht sitzt im Schnitt mehr als drei Stunden am Tag vor dem Fernseher oder Computer. In der Mittelschicht ist es noch rund ein Drittel der Jugendlichen.

63 Prozent der 16- bis 29-Jährigen finden, dass ihre Mutter ausreichend Zeit für sie hatte. Von den Menschen ab 60 Jahren wurde dies nur von 38 Prozent so empfunden. Die Klage, dass der Vater nicht genügend Zeit für das Kind hat, ist von 54 auf 31 Prozent zurückgegangen. Trotzdem wünschen sich noch immer viele Kinder, dass sich ihre Väter mehr Zeit für sie nehmen. 46 Prozent der Väter und 20 Prozent der Mütter wünschen sich selbst mehr Zeit für ihre Kinder.

Für die zweite Studie im Auftrag des Forums Familie Stark Machen wurden knapp 2200 Menschen ab 16 Jahren befragt. Alle drei Jahre sollen mit der Untersuchung die Veränderungen in der Beziehung zwischen den Generationen in Deutschland sichtbar gemacht werden.

dpa, 2009

Aufgaben:

1. *Fassen Sie die wesentlichen Aussagen des Textes zusammen.*
2. *Welche Ängste haben Eltern bei der Erziehung ihrer Kinder?*
3. *Beschreiben Sie den Wandel in den Erziehungsvorstellungen und in der Wahl der Erziehungsmittel.*

22 Das Züchtigungsrecht im Wandel der Zeit

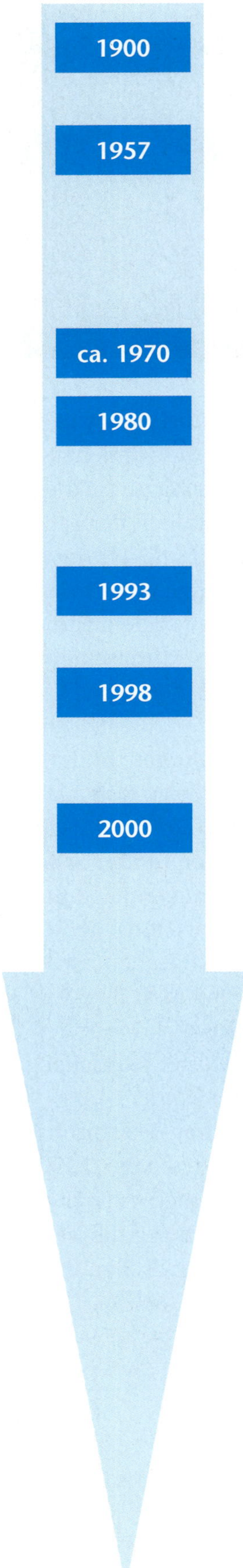

Von der Züchtigung zur gewaltfreien Erziehung

- Bei Inkrafttreten des BGB (1.1.1900) durften Väter gemäß § 1631 „kraft des Erziehungsrechtes angemessene Zuchtmittel gegen das Kind anwenden".
- Das Gleichberechtigungsgesetz hob 1957 diese Vorschrift zwar ersatzlos auf. Seitdem wurde Eltern jedoch gewohnheitsrechtlich ein körperliches Züchtigungsrecht zugebilligt, das allerdings nach verbreiteter Meinung „nur im Rahmen des Erziehungszwecks und in dem davon gebotenen Maß unter Berücksichtigung von Gesundheit und seelischer Verfassung des Kindes" angewandt werden durfte.
- Seit Ende der siebziger Jahre ist die Abgrenzung von erlaubten und verbotenen Erziehungsmaßnahmen in der Diskussion.
- 1980 wurde in § 1631 Abs. 2 BGB ein Verbot „entwürdigender Erziehungsmaßnahmen" installiert. Aber dennoch wurden elterliche Züchtigungen z.T. weiterhin gerechtfertigt, indem zwischen „entwürdigenden" und „nicht entwürdigenden" körperlichen Bestrafungen unterschieden wurde.
- 1993 und 1994 berieten Bundestag und Bundesrat erfolglos den Entwurf eines Gesetzes zur Änderung des § 1631 Abs. 2 BGB („Misshandlungsverbotsgesetz").
- Das am 1.7.1998 in Kraft getretene Kindschaftsrechtsreformgesetz hatte dann nach kontroverser Diskussion § 1631 Abs. 2 BGB folgendermaßen gefasst: „Entwürdigende Erziehungsmaßnahmen, insbesondere körperliche und seelische Misshandlungen, sind unzulässig".
- Am 2.11.2000 wurde das „Gesetz zur Ächtung der Gewalt in der Erziehung und zur Änderung des Kindesunterhaltsrechts verabschiedet. Sein, die Ächtung der Gewalt in der Erziehung betreffender Teil, trat am 8. November 2000 in Kraft und hat § 1631 Abs. 2 BGB wie folgt gefasst:

> „Kinder haben ein Recht auf gewaltfreie Erziehung. Körperliche Bestrafungen, seelische Verletzungen und andere entwürdigende Maßnahmen sind unzulässig."

In § 16 Abs. 1 Satz 3 SGB VIII wurden die Angebote der Jugendhilfe zur allgemeinen Förderung der Erziehung in der Familie um folgende Aufgabe erweitert:

> „Sie sollen auch Wege aufzeigen, wie Konfliktsituationen in der Familie gewaltfrei gelöst werden können."

Zielsetzung der gesetzlichen Neuregelung ist es, nicht nur die Gewalt in der Erziehung zu ächten, sondern zugleich Eltern (und anderen Personensorgeinhabern) Wege zur gewaltfreien Erziehung aufzuzeigen und sie dabei zu begleiten.

Aufgaben:

1. *Besorgen Sie sich die Broschüre „Gewaltfreie Erziehung":*
   www.bmj.bund.de/files/-/634/Gewaltfreie%20Erziehung%20Broschuere.pdf
2. *Wie erklären Sie sich die Unterschiede im Züchtigungsrecht in den anderen europäischen Staaten?*

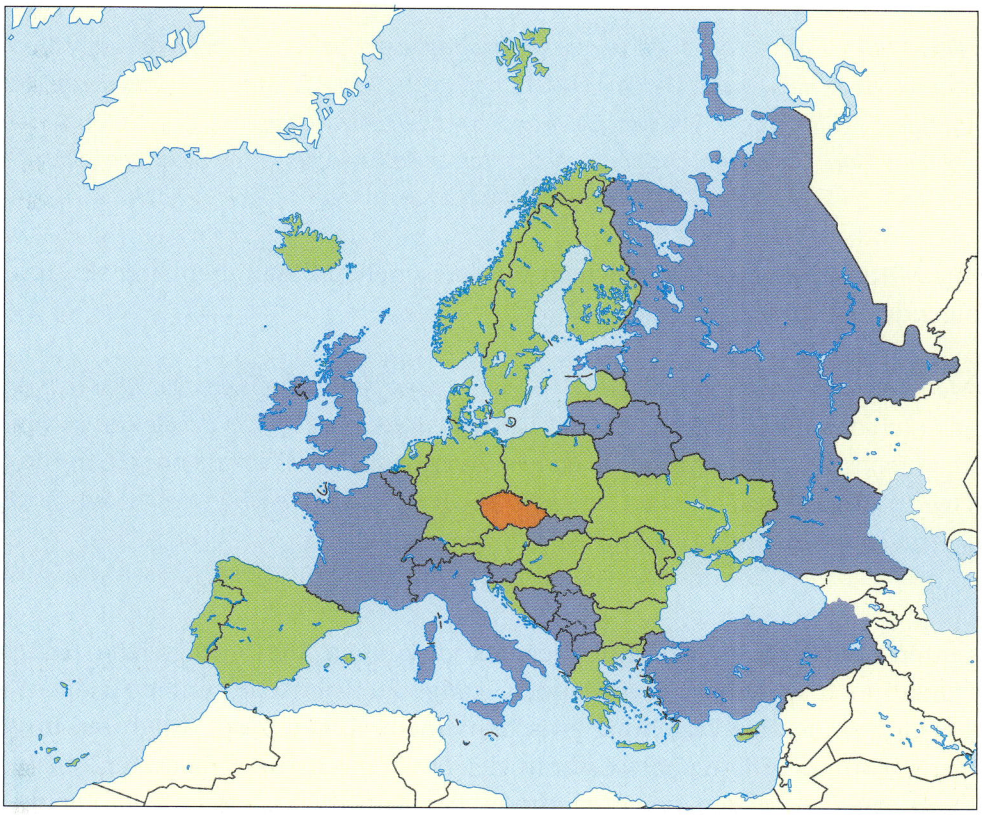

Rot : Züchtigungsrecht für Eltern und Lehrer
Blau: Züchtigungsrecht für Eltern
Grün: kein Züchtigungsrecht

23 Wie wirken Erziehungsmittel?

Die definitive Wirkung einzelner Erziehungsmittel ist bis heute nicht geklärt. Pädagogen und Eltern sind immer stärker verunsichert. Sie beklagen dies aber nicht immer so deutlich wie im folgenden Bericht:

„Als Eltern hatten wir natürlich Bücher zu Erziehungsfragen gelesen, kennen aber keines, das uns Hilfe für unsere Erziehungsprobleme bietet. Es half auch nichts, Bekannte zu fragen, die ähnliche Erziehungsabsichten hatten wie wir: Alle wandten unterschiedliche Mittel an, hatten verschiedene Erfolge. Eine klare Linie konnten wir aus den unterschiedlichen Berichten nicht gewinnen."

Wie einzelne Mittel wirken und in welchem interpersonellen Zusammenhang sie zu sehen sind, wird im folgenden Beispiel deutlich:

Die Mutter verbietet dem Kind mit den Händen im Essen herumzuspielen. Das Kind reagiert wütend und schlägt die Mutter. Die Mutter schlägt zurück. Sodann wendet sie sich gekränkt vom Kind und sagt: „Wo kommen wir denn da hin, wenn Kinder ihre Eltern schlagen?" Erst als das Kind wieder „lieb ist" und beteuert, dass es so etwas nicht mehr macht, wendet sich die Mutter ihm erneut zu. – Man sieht: Eine Reaktion ruft die andere hervor.

Besonders interessant wäre es, die Mittel genauer zu kennen, die „erfolgreiche" Erzieher in bestimmten Situationen wirkungsvoll anwenden. Lange Zeit herrschte unter Erziehern der naive Glaube, dass eine eindeutige Beziehung zwischen einem eingesetzten Mittel und der beobachtbaren Wirkung bestünde. Diese Analyse war in gleicher Weise vorherrschend für lobende wie strafende Maßnahmen. Erst bei genauerem methodischen Vorgehen wurden die Probleme offenkundig: Viele Wirkungen sind gar nicht beobachtbar, manche sind nur schwer zugänglich. Wir sollten als Erzieher bedenken, dass außer den direkten die indirekten Wirkungen mit berücksichtigt werden müssen.

Nehmen wir eine (veraltete?) Schulsituation. Man hört folgende Drohung:
„Wenn ihr zwei nicht sofort an den Platz geht, dann knallt es."
Direkte Wirkung: Als wäre nichts geschehen, gehen die beiden Streithähne auseinander und setzen sich an ihren Tisch. – Der Effekt ist deutlich, jedenfalls der augenblicklich gewünschte.

Aufgaben:
1. *Was aber geht in den Betroffenen vor?*
2. *Was denken Sie über den Erzieher?*
3. *Hat die Drohung dazu beigetragen, dass die beiden sich jetzt verstehen, oder „rechnen sie später miteinander ab"?*
4. *Wie wirkt die Situation auf die übrigen Kinder?*

Je nach Situation wäre es ohne Weiteres denkbar, dass nur der kleinere Teil der Wirkungen der direkten Beobachtung zugänglich ist. Alle anderen Reaktionen, die sich aus der Beantwortung der Fragen möglicherweise ergeben, waren unter Umständen überhaupt nicht beabsichtigt. Es handelt sich um die sogenannten „unerwünschten oder ungewollten Nebenwirkungen". Diese werden häufig in ihrer zentralen Bedeutung verkannt oder gar nicht gesehen. Ein ängstliches Kind, das vom Erzieher am ersten Tag lautstark angeschrien wird, sitzt fortan still auf seinem Stuhl. Es ist angepasst. Was aber ist mit seiner Spontaneität, seinem Sozialverhalten, seiner Spielfähigkeit? Wie wirkt sich die u. U. entstandene Angst auf Dauer aus?

Manchmal wird durch negative Sanktionen genau das Gegenteil von dem erreicht, was der Erzieher erhoffte:

Die Häufigkeit und Intensität der unerwünschten Verhaltensweise nehmen zu. Bei der Reflexion der Wirkung eines Erziehungsmittels ist stets zu unterscheiden zwischen:
- Wirkungen auf den zu Erziehenden
- Wirkungen auf die Gruppe
- Rückwirkungen auf das Verhältnis zum Erzieher
- Rückwirkungen auf das Verhältnis des zu Erziehenden und Institution („Ich will nicht mehr in den Kindergarten")
- ungewollte Nebenwirkungen: Diese sind der direkten Beobachtung nicht zugänglich, der Erzieher kann sie aber möglicherweise durch langfristige Verhaltensänderungen erfassen. Er stellt z. B. fest:
  - das Kind strengt sich besonders an bzw. lässt in seinen Leistungen auffallend nach
  - es geht dem Erzieher aus dem Weg
  - es erschrickt bei seinem plötzlichen Erscheinen
  - es wird gegen andere hilfsbereiter oder aggressiver
  - es ist plötzlich zurückhaltend, etc.

Der Erzieher muss sich also darüber im Klaren sein, dass Wirkungen erzieherischer Maßnahmen das Verhältnis des Betreuten zu ihm, zu den Gleichaltrigen oder zur Institution beeinflussen. Darüber hinaus können als Folgeerscheinungen der ungewollten Nebenwirkungen Effekte im gesamten psychophysischen Bereich auftreten.
Als Fazit sei hier betont: Es gibt kein Mittel, das unter allen Bedingungen dieselben Konsequenzen hervorruft.

Eine Einseitigkeit der Betrachtungsweise kann nur durch eine umfassende Auseinandersetzung mit der Gesamtsituation vermieden werden. So gelangt man dann zu der etwas ernüchternden Erkenntnis: Wie ein Erziehungsmittel wirkt, kann ohne genauere Informationen über die Situation nur selten vorhergesagt werden. Deshalb sind in jedem Fall die situativen Rahmenbedingungen zu prüfen, und dazugehören:
- das Kind
- die Gruppe
- der Erzieher
- die Räumlichkeiten

Erziehungsmittel lassen sich nicht in eine Wirkschablone pressen. Das liegt weniger am Mittel selbst als vielmehr an der Individualität von Kind und Erzieher.
Vor dem Hintergrund der Reaktionen des Kindes, die kurz- oder langfristig bei der Verwendung bestimmter Erziehungsmittel zu beobachten sind, muss der Erzieher schließlich sein Verhalten überprüfen. Dabei kann er zu dem Schluss kommen, dass es richtig sei, ein Erziehungsmittel beizubehalten. Andererseits müsste er aber auch in der Lage sein, die eingesetzten Mittel bzw. sein Erzieherverhalten zu überdenken.
Das stete, offensichtliche Erkennen des Misserfolgs von Erziehungsmitteln führt dazu, dass der Erzieher besonders starr an strenger Disziplin, Leistungsanforderung, Ordnung und Sauberkeit festhält.
Kritik, Zurechtweisung, Tadel und permanente Strafen werden zur Routine. Mag es den Einzelnen auch Einsicht, Mut und Überwindung kosten – gerade zu einem solchen Zeitpunkt müssten die Erziehungsmittel auf ihre Angemessenheit hinterfragt werden. Dazu bedarf es aber einer kritischen Distanz.

Aufgaben:

1. *Erklären Sie den Mitschülerinnen die Wirkung von Erziehungsmitteln.*
2. *Wovon ist die Wirkung abhängig?*
3. *Füllen Sie anhand des Textes das folgende Schaubild aus.*

Wirkung von Erziehungsmitteln wird beeinflusst von:

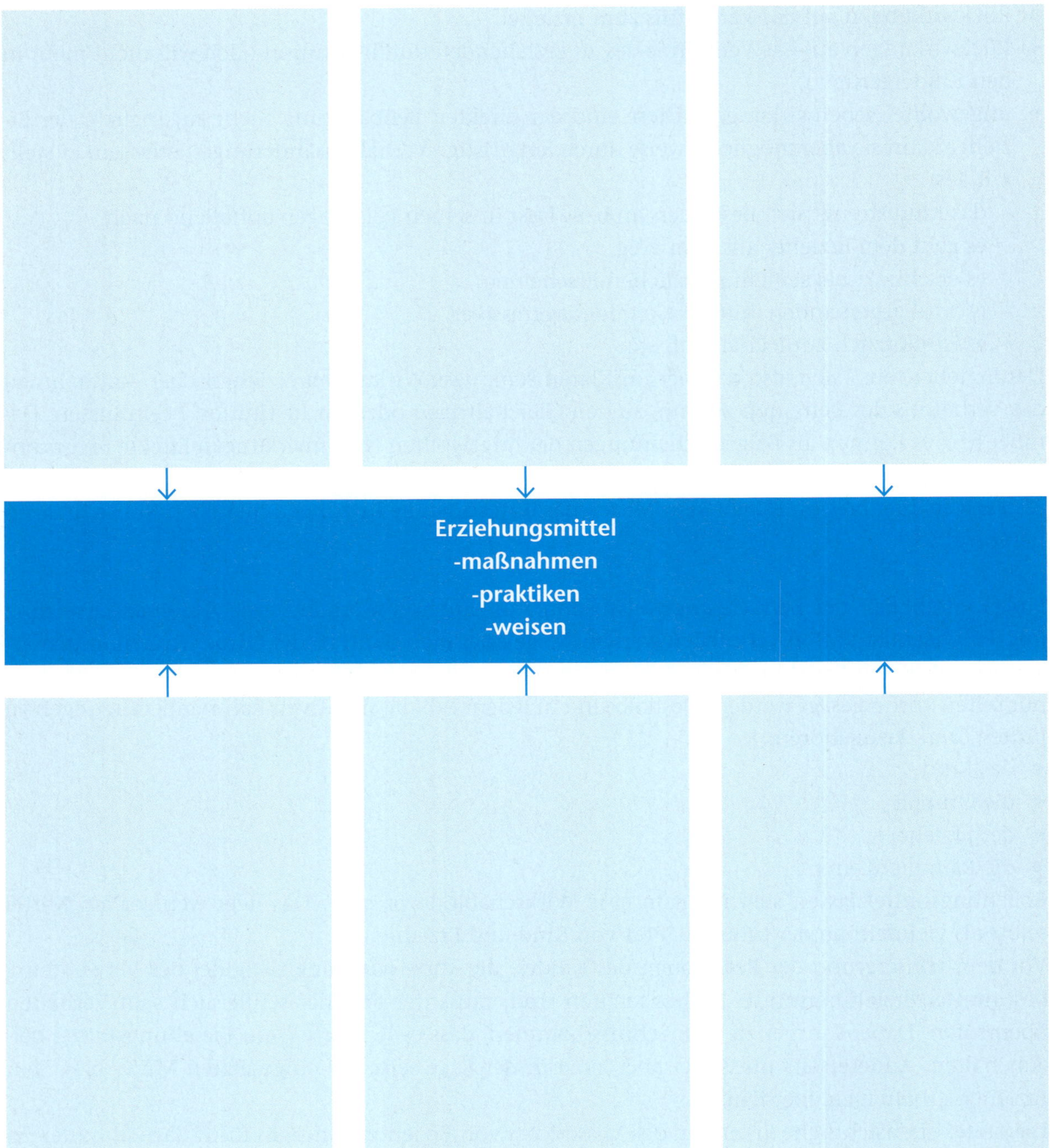

24 Erkundung einer Jugendfreizeiteinrichtung

Aufgabe:
Besuchen Sie eine Jugendfreizeiteinrichtung in Ihrem Wohnort und erkunden Sie diese zu folgenden Aspekten:

Bild der Einrichtung:

Träger der Einrichtung:

Mitarbeiter der Einrichtung:

Besucher der Einrichtung:

Öffnungszeiten und Angebote:

Sonstiges:

1 Einschätzung alter Menschen

1. Mit dem Wort „alt" verbinde ich …

Bringen Sie die folgenden sechzehn Eigenschaften in eine Reihenfolge von 1–16.
1 trifft vollständig zu – 16 trifft am wenigsten zu.

gütig	*hilfsbedürftig*
starrsinnig	*entgegenkommend*
geizig	*vorwurfsvoll*
vernünftig	*vergesslich*
gebrechlich	*ängstlich*
weise	*interessiert*
aktiv	*unternehmungslustig*
passiv	*jammernd*

2. Ältere Menschen werden mit zunehmendem Alter …

Bringen Sie die folgenden vierzehn Eigenschaften in eine Reihenfolge von 1–14.
1 trifft vollständig zu – 14 trifft am wenigsten zu.

gütiger	*unordentlicher*
gebrechlicher	*labiler*
bescheidener	*kränklicher*
misstrauischer	*umsichtiger*
reifer	*seniler*
ausgeglichener	*freundlicher*
einsamer	*religiöser*

2 Karikaturen auswerten

Eine Karikatur ist eine Zeichnung, die die Meinung eines Zeichners zu einem bestimmten Sachverhalt ausdrückt. Um dies zu erreichen, bedient sich der Karikaturist bestimmter Stilmittel:

Stilmittel einer Karikatur

Verfremdung:
Sie ist ein zentrales Mittel der Karikatur. Das politische Handlungsfeld wird in ein vertrautes Handlungsfeld übertragen. Der politische Sachverhalt wird dadurch fragwürdig gemacht.

Übertreibung:
Eigenschaften werde übertrieben dargestellt.

Ironie:
Etwas für verkehrt Gehaltenes wird bloßgestellt.

Parodie:
Inhaltliche Aspekte eines Bildelementes werden verändert, wobei die Form beibehalten wird.

Paradoxie:
Ein scheinbar überraschender Widerspruch wird deutlich herausgestellt.

Situationskomik:
Menschen werden in einer ungewöhnlichen, lächerlich wirkenden Situation dargestellt.

Charakterkomik:
Eine Eigenschaft einer Person wird übertrieben dargestellt.

Humor:
distanzierte, gelassene Betrachtung

Witz:
Der Sinn springt von einer Ebene auf eine völlig andere.

Sarkasmus:
Verspottung, Verhöhnung

Bei der Auswertung von Karikaturen gibt es vier wesentliche Schritte:

1. Die Karikatur beschreiben

Eine Karikatur sollte in wenigen Sätzen beschrieben werden, um von diesem Schritt auf die Aussage der Karikatur schließen zu können.
Dabei sollte auch jegliche Schrift (z. B. Kommentare usw.) miteinbezogen werden. Am Ende dieser Beschreibung sollte das Thema der Karikatur benannt werden. Eventuell soll der Zeichner genannt werden, falls er bekannt ist.

2. Einzelne Bildelemente deuten

Hierbei soll betrachtet werden, welche Bildelemente realistisch und welche verfälscht dargestellt wurden. Die Gestaltungsmittel der verfälscht dargestellten Bildelemente sollen untersucht und erläutert werden.

3. Die Kernaussage der Karikatur deuten

In diesem Schritt soll erläutert werden, was der Karikaturist mit der Zeichnung ausdrücken möchte und wie er dies macht. Meistens ist für diesen Schritt ein entsprechendes Hintergrundwissen notwendig.

4. Eigene Stellung beziehen

Kann man der Aussage des Zeichners zustimmen? Um diese Frage beantworten zu können, ist es notwendig sich mit dem Thema zu befassen und sich eine eigene Meinung zu bilden. Diese wird mit der Meinung des Karikaturisten verglichen und ein Fazit wird gezogen.

Aufgabe:
Versuchen Sie nach diesen Schritten die Karikatur auf S. 72 zu bearbeiten. Berücksichtigen Sie auch die Hinweise zu den Stilmitteln.

3 Arbeitsblatt zur Pflegeversicherung

Soziale Pflegeversicherung
Leistungsempfänger nach Altersgruppen und Pflegestufen
am 31.12.2008
- insgesamt -

Alter in Jahren	ambulant				stationär				insgesamt				
	Pflegestufen			zusammen	Pflegestufen			zusammen	Pflegestufen			zusammen	in %
	I	II	III		I	II	III		I	II	III		
bis unter 15	32 819	20 059	9 951	62 829	1 542	1 021	715	3 278	34 361	21 080	10 943	66 107	3,1
15 bis unter 20	10 946	7 191	5 864	24 001	1 905	535	501	2 941	12 851	7 726	6 505	26 942	1,3
20 bis unter 25	8 375	6 884	5 332	20 591	2 947	916	703	4 566	11 322	7 800	6 121	25 157	1,2
25 bis unter 30	6 631	6 262	4 227	17 120	3 349	1 022	780	5 151	9 980	7 284	5 065	22 271	1,1
30 bis unter 35	5 951	5 927	3 191	15 069	3 553	1 138	788	5 479	9 504	7 065	4 011	20 548	1,0
35 bis unter 40	7 905	6 761	3 420	18 086	5 251	1 481	1 079	7 811	13 156	8 242	4 537	25 897	1,2
40 bis unter 45	11 604	9 270	3 922	24 796	7 629	2 442	1 644	11 715	19 233	11 712	5 607	36 511	1,7
45 bis unter 50	15 451	10 535	3 912	29 898	8 872	3 254	2 070	14 196	24 323	13 789	6 066	44 094	2,1
50 bis unter 55	18 311	10 543	3 644	32 498	8 452	3 578	2 166	14 196	26 763	14 121	5 911	46 694	2,2
55 bis unter 60	24 970	12 950	3 875	41 795	8 886	4 488	2 640	16 014	33 856	17 438	6 654	57 809	2,7
60 bis unter 65	30 509	15 481	4 233	50 223	8 439	5 188	2 869	16 496	38 948	20 669	7 258	66 719	3,2
65 bis unter 70	57 719	29 453	7 621	94 793	13 994	11 050	5 477	30 521	71 713	40 503	13 405	125 314	5,9
70 bis unter 75	91 795	45 232	10 955	147 982	18 957	19 489	9 455	47 901	110 752	64 721	20 862	195 883	9,3
75 bis unter 80	126 674	57 384	13 540	197 598	26 099	30 765	14 844	71 708	152 773	88 149	29 193	269 306	12,7
80 bis unter 85	173 925	73 879	16 736	264 540	48 030	53 995	24 695	126 720	221 955	127 874	42 953	391 260	18,5
85 bis unter 90	164 122	73 477	17 206	254 805	64 003	72 405	32 303	168 711	228 125	145 882	51 131	423 516	20,0
90 und älter	73 868	48 317	13 725	135 910	43 017	60 249	30 281	133 547	116 885	108 566	44 695	269 457	12,7
insgesamt	861 575	439 605	131 354	1 432 534	274 925	273 016	133 010	680 951	1 136 500	712 621	264 364	2 113 485	100,0
Insgesamt in %	60,1	30,7	9,2	100,0	40,4	40,1	19,5	100,0	53,8	33,7	12,5	100,0	

(Bundesministerium für Gesundheit, 2008)

Aufgaben:

1. *Werten Sie das Zahlenmaterial zu den Leistungsempfängern der Pflegeversicherung aus.*
2. *Vervollständigen Sie den Lückentext zur Pflegeversicherung. Verwenden Sie die unten stehenden Begriffe.*

Die Pflegeversicherung

Durch das Zusammentreffen einer Reihe gesellschaftlicher Veränderungen, in deren Zentrum die deutliche Zunahme alter Menschen steht, ist die Pflegebedürftigkeit ein Problem von wachsender Bedeutung. Das Ausmaß der ______________________ in einer Gesellschaft hängt maßgeblich von ihrer Altersstruktur ab, denn die Quote der Pflegebedürftigen nimmt mit steigendem Lebensalter zu.

Vor 1995 hatte Pflegebedürftigkeit keinen sozialversicherungsrechtlichen ______________________ begründet. Bis heute sind die Unterstützungsleistungen der Familie die wichtigste Hilfe im Alter.

Mit der Einführung der Pflegeversicherung verfolgte der ______________________ das Ziel, das Risiko der Pflegebedürftigkeit eigenständig abzusichern. Dabei erhebt sie, konzipiert als ______________________, nicht den Anspruch, den gesamten Bedarf bei Pflegebedürftigkeit abzudecken. Ihre ______________________ werden einkommens- und vermögensunabhängig gewährt. Je nach Schwere der Pflegebedürftigkeit unterscheidet das PflegeVG zwischen drei ______________________, die der MDK der ______________________ prüft und feststellt.

Im Rahmen der ambulanten Pflege werden ______________________ oder ______________________ gewährt. Neben der Leistungsgewährung im ambulanten Bereich bietet die Pflegeversicherung auch verschiedenste ______________________ Leistungen an.

Pflegesachleistungen – Pflegebedürftigkeit – Gesetzgeber – stationäre – Pflegegeld – Teilkaskoversicherung – Leistungsanspruch – Pflegestufen – Pflegekassen – Leistungen

4 Wohnen im Alter

Frau Müller (66) lebt glücklich und zufrieden mit ihrem herzensguten Ehemann (65). In ihrer kleinen Wohnung im vierten Stock eines Mietshauses sind sie nicht oft anzutreffen. Beide haben ihr Leben lang gearbeitet. Jetzt haben sie genug zurückgelegt, um sich viele Wünsche zu erfüllen, die früher zurück stehen mussten. Sie reisen viel, besuchen Freunde und Verwandte. Oft sind sie auch bei ihrem Sohn in der weit entfernt liegenden großen Stadt, in die dieser aus beruflichen Gründen ziehen musste. Frau und Herr Müller sind glücklich.
Ein Unfall macht alle Zukunftsplanungen zunichte. Herr Müller erliegt seinen schweren Verletzungen. Frau Müller überlebt, aber ihre Beine sind gelähmt. In ihrer Trauer ist sie verzweifelt. Der Sohn handelt schnell. Er weiß, dass seine Mutter in ihre Wohnung im vierten Stock des Mietshauses nicht wird zurück kehren können. Noch während sie im Krankenhaus liegt, besorgt er ihr einen Heimplatz in seiner Stadt. Direkt aus dem Krankenhaus heraus wird Frau Müller in das Heim verlegt. Dort fühlt sie sich aber gar nicht wohl. Das ganze Durcheinander, der plötzliche Ortswechsel, die vielen unbekannten Menschen… Ihre Ängste und ihre Trauer sind stärker als ihr Wille zu überleben. Frau Müller stirbt, sechs Wochen, nachdem sie in das Heim verlegt wurde.

Die gleiche Geschichte – ein wenig anders:
Das Ehepaar Meier (66) lebt genau so wie das Ehepaar Müller. Sie reisen viel und gern. Zu Hause sind sie vor kurzem von ihrer Wohnung im vierten Stock eines Mietshauses in eine Wohnung des Betreuten Wohnens zogen. Sie haben sich ihre neue Wohnung, mit allen lieb gewordenen Erinnerungen eines langen Lebens behaglich eingerichtet.
Nach dem Unfall ist Frau Meier in ihrer Trauer sehr allein. Ein Glück, das sie nach dem Krankenhausaufenthalt in ihre Wohnung zurück kehren kann. Die Wohnung ist mit einem Aufzug gut zu erreichen. In den ersten Wochen nach dem Krankenhaus übernehmen die Hilfskräfte des Service-Teams des Betreuten Wohnens fast alle anfallenden Arbeiten. Danach fasst Frau Meier sich ein Herz. In ihrer für Rollstühle geeigneten Wohnung kann sie nach und nach fast alles wieder alleinebewältigen. Nur zum Mittagstisch fährt sie mit ihrem Rollstuhl in die Tagesstätte im gleichen Haus. „Damit ich unter Leute komme", sagt sie. Einmal im Monat fährt der Behindertenfahrtendienst sie mit einem Spezialfahrzeug zum Bahnhof. In der fernen Stadt holt ihr Sohn sie dann vom Bahnhof ab. Das ist immer wieder eine große Freude für beide.
Sechs Jahre später erholt sich Frau Meier nach einer schweren Krankheit nicht mehr ganz so gut. Der Pflegedienst der Einrichtung pflegt sie jetzt täglich in ihrer Wohnung. Das hatte sie von Anfang an, als ihr Mann noch lebte, vertraglich so vereinbart und zugesichert bekommen. Die überwiegenden Kosten für die Pflege übernimmt die Pflegeversicherung. Frau Meier kann in ihrer Wohnung noch sehr alt werden. Mal wird es ihr besser gehen, mal wird sie mehr Hilfe benötigen. Die vertragliche Absicherung des betreuten Wohnens sorgt dafür, dass sie jeweils optimal versorgt ist.

Steindorf Privatinstitut für Sozialmanagement, 2006

Aufgaben:

1. *Wo sind Gemeinsamkeiten und Unterschiede zwischen Familie Müller und Familie Meier?*
2. *Warum kommt Frau Meier mit ihrer Situation besser klar als Frau Müller?*
3. *Was hätte Frau Müller ändern können?*

5 Wohn- und Pflegeformen im Alter

	Alten- und Pflegeheime	Tagespflege	Kurzzeitpflege	Ambulante Pflege	Betreutes Wohnen	Hospiz
Was ist das für eine Wohn- und Pflegeform? (Definition)						
Für wen ist diese Wohn- und Pflegeform geeignet?						
Welche Leistungen werden angeboten?						
Welche Kosten entstehen?						
Vorteile						
Nachteile						

6 Sun-City – Ein Wohnkonzept aus Amerika

Ein Platz an der Sonne

Eine überalterte Gesellschaft: In Sun City in der Wüste Arizonas leben und arbeiten nur Menschen über 55. Sie versuchen, Spaß zu haben – und schaffen sich ihre eigene Realität

Draußen vor dem Fenster klettert die Sonne am Himmel hoch, und sofort hört alles Leben auf. Eidechsen verstecken sich unter den Steinen, die paar streunenden Katzen verziehen sich unter dürre Sträucher. Sogar die Vögel schweigen auf den Bäumen, mit geöffneten Schnäbeln warten sie darauf, dass endlich die Sprinkler in den Gärten anspringen und ein paar magere Käfer hinaustreiben. Auf den Straßen ist nur das Jaulen der Klimaanlagen zu hören, bei ihrem täglichen Kampf gegen die Hitze. Wer nicht daran gewöhnt ist, dem saugt sie jede Lebenskraft aus den Knochen.

Drinnen, im Haus von Chris Pearlman, verteilen Ventilatoren eisgekühlte Luft. Es ist sieben Uhr morgens, das Außenthermometer zeigt 31 Grad. Ein fetter Mischlingshund rennt japsend durch das Wohnzimmer und stiert nach der Leine, jetzt ist die einzige Zeit, zu der man noch rausgehen kann. Das Tier ist dreizehn Jahre alt und viel zu schwer, sein Herz verträgt das Klima von Sun City nicht besonders. Chris Pearlman quetscht den Saft aus ein paar Orangen und rührt Honig in eine Schale Magerjoghurt. Sein Cholesterin ist hoch, der Arzt hat gesagt, er soll ein bisschen aufpassen. Chris Pearlman ist 82. Seine Frau ist vorletztes Jahr gestorben, nach 47 Jahren Ehe. Neulich hatte er eine Verabredung, aber es ist nichts daraus geworden, leider. „Es wäre schöner, wenn ich jemanden hätte, für den ich morgens Frühstück holen kann", sagt er. „Aber das kommt schon noch." Chris Pearlman zuckt mit den Schultern. „Es ist nur eine Frage der Einstellung", sagt er dann. „Das ganze Leben ist nichts weiter als eine Frage der Einstellung."
In Sun City hat man vor allem die Einstellung, dass Altsein eine großartige Sache ist. Dafür ist Sun City berühmt geworden: eine Stadt in der Wüste Arizonas, 1960 vom Bauunternehmer Del Webb eröffnet, perfekt angepasst an die Bedürfnisse älterer Menschen. Hierher darf nur ziehen, wer die 55 Jahre schon überschritten hat. Die Häuser sind großzügig geschnitten und ordentlich aufgereiht wie in einem Ferienpark, die Straßen breit und sauber. Im Zentrum gibt es Fitnessanlagen und Schwimmbäder. Golfplätze sorgen für Grün. Ein Großteil der Bewohner hat mit Arthritis und Rheuma zu kämpfen, da ist es gut, dass in Sun City fast nie Regen fällt. Inzwischen gibt es auch in anderen Teilen des Landes Sun Citys, vor allem im Süden, in Florida und Texas, wo das Klima ähnlich gelenkschonend ist. Hier, in Arizona, kamen 1972 und 1996 die Stadtteile Sun City West und 1996 Sun City Grand dazu. Ungefähr 90000 alte Menschen leben heute in dieser Retortenstadt, und es werden immer mehr. Der nächste Stadtteil ist längst geplant, sein Name: Festival Ranch.

Das Leben in Sun City soll eine immerwährende Party sein, Gegenprogramm zu einer Realität, die aus drohender Altersarmut und miserablen Zukunftsaussichten besteht. Für die, die hier leben, ist es nicht mehr nur wichtig, den Tod zu überlisten. Den Bewohnern geht es vor allem darum, das wirkliche Leben auszutricksen.

Es ist inzwischen zehn Uhr, der Hund schläft in der Nähe der Veranda. Chris Pearlman geht ins Fitnessstudio. Dort läuft ein Kurs, der speziell die Bauch- und Pomuskulatur trainiert. Die Trainerin heißt Barbara und ist 69 Jahre alt. Vierzig Jahre Erfahrung im Bereich Fitness haben ihren Körper trocken und zäh gemacht. „Gutes Aussehen ist uns natürlich wichtig, oder, liebe Freunde?", fragt sie. „Oh, ja", macht der Kurs. Doris Burg, 73, ist vor vier Jahren nach Sun City gezogen, nachdem ihr Mann gestorben war. Seitdem schwitzt sie mindestens dreimal die Woche im Fitnessklub, obwohl ihr Körper seine alte Form einfach nicht zurückgewinnen will. „Trotzdem lohnt es sich", lächelt sie. „Ich habe erst hier verstanden, dass Sport wichtig ist, wenn man jung bleiben will." Nebenan übt eine andere Gruppe Kickboxen. Auf der dazugehörigen Broschüre wird gewarnt: „Achtung, Girls! Keine kostenlose Make-up-Auffrischung nach diesem Kurs."

Über die Wirtschaftskrise, die derzeit wohl die gesamte westliche Welt verunsichert, spricht in Sun City niemand. In den lokalen Zeitungen, dem *Sun Citys Independent* oder der *Daily News Sun*, taucht nichts auf, was mit Politik oder Wirtschaft zu tun hat, stattdessen gibt es Berichte von der Wahl des Golfklub-Präsidenten oder über neue Errungenschaften aus der Welt der Medizin. Der örtliche Fernsehsender berichtet über Scrabble-Spiele oder Kurse für Holzarbeit und dass sich kürzlich eine Billardmannschaft für Witwen gegründet hat. „Ich muss nicht wissen, was in der Welt vermeintlich Wichtiges passiert", sagt Erika Bimmel, die mit ihrem Mann wegen der Golfplätze und der ruhigen Lage hergezogen ist. Erika Bimmel ist 74 Jahre alt, hat Handicap acht, und sie sagt: „Ich habe genug Elend da draußen gesehen. Mir reicht es einfach." Auf den Kabelkanälen laufen Sportsendungen oder Streifen wie *Enough* mit Jennifer Lopez oder *Life or something like it*, ein Schmachtfetzen mit Angelina Jolie. Es gibt viele Realitäten. In Sun City hat man die gewählt, die den Bewohnern am besten gefällt.

Doch auch hier müssen viele sparsamer leben, etwa 40 Prozent der Bewohner sind berufstätig. Da sind diejenigen, die noch nicht das Rentenalter von im Schnitt 63 erreicht haben und die noch morgens zum Arbeiten nach Phoenix fahren und abends zurückkehren. Andere arbeiten, weil die Ersparnisse nicht ganz reichen oder sie fast ihre gesamte Altersvorsorge durch den Börsencrash verloren haben. Und dann gibt es Leute wie Bob Henderson, 74, der früher Bauingenieur war und jetzt für sieben Dollar die Stunde im Supermarkt Tüten einpackt. „Irgendwann habe ich gemerkt, dass Golfspielen nicht alles ist. Und es gibt hier genug Jobs, die getan werden müssen", lächelt Henderson. Die Feuerwehr, Ärzte, Berufe, von denen Menschenleben abhängen können, sind in Sun City mit Jüngeren besetzt; alles andere erledigen die Einwohner selbst. In Sun City gibt es keinen Generationenkonflikt, weil es nur eine Generation gibt. „Ich höre, dass junge Menschen sagen, dass wir für die Gesellschaft nicht mehr tragbar sind", sagt Bob Henderson. „Also tragen wir uns allein. Hier jammert niemand, wie schwer es für alte Menschen geworden ist. Wer arbeiten muss, tut es, ohne sich darüber zu beklagen. Man kann heutzutage nicht mehr einfach mit Anfang sechzig in Rente, schließlich leben wir viel länger, dank der modernen Medizin." Wer kein Geld braucht, hilft ehrenamtlich bei den Prides, die Straßen von Unrat zu befreien, oder geht zur Sun City Posse, die in Uniformen und mit Pistolen Tag und Nacht durch die Straßen patrouillieren. Nicht dass dies unbedingt nötig wäre. Das größte Verbrechen der vergangenen Monate war der Diebstahl von vier Gartenzwergen, die einer Dame aus dem Vorgarten entwendet wurden. Eine der Zeitungsredaktionen lobte 200 Dollar für Hinweise aus, die zur Ergreifung von *certain elements* führen, bislang ohne Erfolg.

Unter 18-Jährige dürfen nur 30 Tage im Jahr in die Stadt

Das Leben in Sun City ist sehr sicher. Das gesamte Stadtgebiet ist von einer hohen Mauer eingefasst, die Diebe und Einbrecher fernhält. Und zugleich das Leben draußen. Menschen unter 18 Jahren dürfen nur an 30 Tagen im Jahr zu Besuch kommen und, wenn möglich, nicht außerhalb der Schulferien. Und auch dann sind Kinder im Pool nur sonntags von zehn bis zwölf Uhr gestattet.

Es gibt Leute, die glauben, Sun City sei ein Zukunftsmodell für die gesamte westliche Welt, in der die Altersstrukturen sich immer weiter zuungunsten der Jungen verschieben. Ein Haus kostet ab 118000 Dollar aufwärts, nicht nur für Reiche ein erschwinglicher Preis. Dazu kommt eine jährliche Pauschale von etwa 180 Dollar. Dafür darf man Schwimmbad, Fitnessstudio, Bowlingbahn und Billardhalle benutzen und an den vielen Kursen teilnehmen, in denen man lernt, Schmucksteine in Silber zu fassen oder Decken zu besticken. In Sun City Grand, wo die Straßen breiter und die Swimmingpools größer sind, kostet der jährliche Nutzungsbeitrag 675 Dollar. Sonst gibt es keinen Unterschied. Nur der Golfklub muss in beiden Stadtteilen extra bezahlt werden, allerdings ist da ein Golfkart inklusive. Hier ein Muss. Die meisten älteren Herrschaften benutzen das kleine Elektromobil lieber als ihr Auto. Häufig sieht man Paare von der Reinigung zurückkommen, die Männer steuern, die Ehefrauen halten am ausgestreckten Arm die Bügel mit den Hemden aus dem Gefährt. Seit Neuestem bietet ein Händler Karts mit Benzinmotoren an. Die sind 35 Meilen schnell, schneller als die alten Elektrokarts, und seitdem gibt es wieder mehr Unfälle in der Stadt; besorgte Bewohner bieten inzwischen für zehn Dollar einen Kurs *Defensives* Fahren an. Viele haben sich angemeldet. In Sun City herrscht ein beinahe sektenhafter moralischer Druck, nützlich und gut zu sein. Und vor allem, niemals zuzugeben, dass das Altwerden nicht nur Vorteile mit sich bringt.

Wer, wie Doris Burg, nicht mehr lesen kann, weil die Augen zu schlecht geworden sind, wirft seine Bücher lieber weg, als sich von ihnen an früher erinnern zu lassen. Doris Burg macht einfach nur noch Dinge, für die man nicht so gute Augen braucht. Sport eben. Oder fernsehen, auf ihrem riesigen TV-Gerät. Der stadteigene TV-Kanal bringt täglich selbst gedrehte Hochzeitsvideos. Auf dem Fischteich im Zentrum von Sun City steht ein hölzerner Hochzeitspavillon. Es wird gern geheiratet, Witwer und Witwen treffen sich beim Tanz oder im Fitnessklub, gehen ein paarmal aus und geben sich das Jawort. In Sun City geht alles schneller als anderswo, weil man nie weiß, wie viel Zeit einem noch bleibt. An Freunde gewöhnt man sich besser nicht zu sehr, sagen die Bewohner, dann macht es nicht so viel, wenn sie wegsterben. Das Leben in Sun City erinnert an das Leben im Kinofilm *Matrix*. Sun City, das ist die vermeintliche Wirklichkeit, außerhalb der Stadtmauern befindet sich die ausgeblendete Realität. Sonntags holt sie die Bewohner immer wieder ein. Dann wird in den vielen Kirchen von Sun City die heilige Messe gelesen, und am Ende folgt immer eine Liste mit den Namen der in der letzten Woche Verstorbenen. Meistens ist es eine lange Liste.

Ganz lässt sich der Lauf der Dinge selbst hier nicht aufhalten. Aber man tut, was man kann. Nur wenige Bewohner von Sun City fahren in Urlaub. Warum auch? Raymond Dobbs, 78, ist vor zwölf Jahren einmal zurückgekehrt in seine Heimatstadt, nach Butte in Montana. Er wollte zwei Wochen bleiben, nach fünf Tagen ist er wieder abgereist. „Das war nicht auszuhalten", sagt er. „Lärm, Schmutz, pöbelnde Menschen, wohin ich blickte. Seitdem bin ich nie wieder weggefahren."

Es ist Abend. Am Swimmingpool im Freizeitzentrum säuseln Liebeslieder aus den Lautsprechern. Im Becken treiben etliche ältere Frauen, der Kurs für das Synchronschwimmen ist gerade zu Ende gegangen. Aus den Umkleiden schlendern ein paar Herren herbei. „Das ist die beste Zeit zum Schwimmengehen," raunt Chris Pearlman. „Wir nennen das Schwimmbecken Witwensüppchen." Kürzlich begannen einige Frauen und Männer sogar, im Pool heftig zu knutschen. Empörte Single-Damen beschwerten sich über den Skandal, die Zeitungen berichteten. Insgeheim aber habe die Aktion den Bewohnern sehr gefallen, lächelt Chris Pearlman. Man fühle sich jetzt noch jünger, sexyer. Die Stadt hat seit dem Vorfall nämlich einen neuen Namen bekommen: „Sin City".

Bloch, 2003, Nr. 27

Aufgaben:

1. *Was ist Sun-City?*

2. *Für wen ist Sun-City geeignet?*

3. *Welche Leistungen bietet Sun-City?*

4. *Welche Kosten treten auf?*

5. *Welche Vor- und Nachteile gibt es?*

6. *Wollen Sie später in Sun-City wohnen, falls sich Ihnen die Möglichkeit bietet? Begründen Sie Ihre Antwort.*

7. *Entwerfen Sie Ihr eigenes „Wohnmodell". Überlegen Sie, wie Sie alt werden wollen und wo Sie dann leben wollen.*

7 Fit im Alter – Gedächtnistraining

Wer mit Kindern Memory spielt, weiß, dass sie darin unschlagbar sind. Der Grund: Ihr Gedächtnis arbeitet dabei auf Hochtouren, es ist verlässlich und unglaublich schnell. Im Kindsalter nimmt die Anzahl der Nervenzellen stetig zu. Erwachsene können damit nicht mithalten, denn eine gute Merkfähigkeit sinkt spätestens ab dem 30. Lebensjahr immer mehr. Wer sein Hirn allerdings regelmäßig trainiert und sich und seine Gedächtnisleistungen fordert, kann bis ins hohe Alter fit im Kopf bleiben. Besonders Menschen mit Stress haben häufig Gedächtnisprobleme, da sie selten Zeit haben, sich zu konzentrieren. Je älter man ist, desto mehr sollte man darauf achten, die Flexibilität des Gehirns zu erhalten. Hirnforscher haben bestätigt, dass Nervenzellen und Verbindungen, die selten oder gar nicht genutzt werden, schneller verloren gehen, als solche, die man regelmäßig benutzt.

Tatsachen

Ca. 1,2 Millionen Menschen in Deutschland leiden an einer Demenz, Tendenz steigend. Besonders ältere Menschen erkranken immer wieder daran, so leidet jeder Zwanzigste zwischen 65 und 69 Jahren an Demenz, zwischen 80 und 90 ist sogar fast jeder Dritte davon betroffen. Obwohl unter den über 90-Jährigen jeder Zweite an einer Demenz leidet, sollte man im Hinterkopf behalten, dass die andere Hälfte dieser Altersklasse nach wie vor geistig fit bleibt. Demenz ist eine Krankheit und kein natürlicher oder zwangsläufiger Vorgang.

Geistiger Ermattung entgegenarbeiten

Unser Gehirn ist dafür zuständig, alles zu organisieren, zu steuern und zu filtern. In unserer Schaltzentrale laufen alle Informationen aus unserem Körper zusammen. Es wird hier entschieden, ob wir uns gut oder schlecht fühlen, ob wir Angsthasen oder Draufgänger sind, ob wir kränklich oder gesund aussehen. Das Gehirn besteht aus zwei Hälften. Die linke Hälfte bearbeitet Fakten, Sprache und Normen. Es ist auch unsere logische bzw. analytische Seite. In der rechten Gehirnhälfte sind hauptsächlich die kreativen Fähigkeiten verwurzelt. Intuition, Verarbeiten von Assoziationen, Bilder, Poesie und andere gefühlsbetonte Dinge werden hier verarbeitet bzw. produziert. Auch persönliche Erinnerungen sind hier gespeichert. Visuelles Denken findet auch in der rechten Hirnhälfte statt.

Um unser Gehirn auf Trab zu halten, sollten wir täglich 5 x 5 Minuten lernen. Die Grundbedingungen hierfür sind Entspannung, Freude, Interesse, Energie und vor allem eine gewisse Regelmäßigkeit:

- Durch positive Assoziationen ist es viel leichter, Dinge in den Kopf zu kriegen (Vorstellungen, Verbindungen). Mehrmals am Tag sollte man sich sagen: Ich lerne gerne.
- Immer mal wieder kleine Übungen machen, die erfolgreich zu „meistern" sind und dann nach und nach das Niveau steigern, z. B. Frage- und Antwortspiele (auf Kärtchen).
- Machen Sie zwischendurch immer mal wieder eine kleine Atempause. Mehrmals tief ein und ausatmen. Bewegen dabei ist immer von Vorteil.
- Belohnen Sie sich für erledigte Aufgaben, aber bestrafen Sie sich nicht, wenn Sie etwas nicht sofort können oder es einfach nicht in den Kopf will.

Romann, 2006

Aufgaben:

1. Lesen Sie den Text und unterstreichen Sie die Hauptaussagen.

2. Fassen Sie die wichtigsten Aussagen des Textes schriftlich zusammen.

8 Übungen zum Gedächtnistraining

Begriffe zuordnen

Ordnen Sie diesen sieben Begriffen die passende Eigenschaft zu. Damit trainieren Sie Konzentration, Wortfindung und Denkflexibilität.

1. Panther	a) kalt
2. Witwe	b) schwarz
3. Sophie	c) alt
4. Freitag	d) grün
5. Grotte	e) faul
6. Zauber	f) grau
7. Adel	g) blau

Wortspeicher

Diese Übung kann man mündlich oder schriftlich machen. Finden Sie Wörter,

- → die aus zwei gleichen Silben bestehen (z. B. Papa, Kerker)
- → die die Buchstaben Ihres Nachnamens enthalten (z. B. Huber, Beruhigung)
- → die mit Herbst beginnen (z. B. Herbstlaub)
- → die mit K beginnen und mit s aufhören (z. B. Kuss)

Diese Übung kann man beliebig erweitern und verändern.

Assoziativ denken

Finden Sie des Rätsels Lösung?

a. Es hat Flügel, kann nicht fliegen. Es hat einen Rücken, kann nicht liegen.
b. Was berechnet der Mathematiker und behandelt der Arzt?
c. Welche uralte Erfindung ermöglicht es den Menschen, durch Wände zu sehen?
d. Wenn Vorsicht die Mutter der Porzellankiste ist, wer ist dann die Tochter?
e. Es wird feucht, wenn es trocknet.
f. Zwei Kinder haben die gleichen Eltern, sind am gleichen Tag im gleichen Jahr geboren und sind doch keine Zwillinge.
g. Sie kann laufen, zweifach sogar, kommt aber nie ans Ziel.
h. Am Anfang steht ein Stück vom Baum, am Ende ein persönliches Fürwort, das Ganze ist eine Blume.

Neue Begriffe bilden

Neue Begriffe bilden Wie viele Begriffe können Sie aus den einzelnen Buchstaben des folgenden Satzes neu bilden?
BLEIBEN SIE JUNG

____

____

____

____

Zahlenreihen bilden

Welche Zahl folgt als nächste in der Reihe? 45 47 39 41 33 35 __________

Falsche Leserichtung

Lesen Sie laut und möglichst schnell den untenstehenden Text. Verändert ist hier nur die Leserichtung der Wörter. Um die Zeilen zu verstehen, müssen Sie jedes Wort von rechts nach links entziffern.

nedieltuah
tfo rhüf nam nreg sua renies tuah,
hcod, eiw nam dnehcsrof mu hcis tuahcs,
tkcilbre nam musgnir retual etuäh,
ni eid uz nerhaf hcua thcin etuerf.
ttäh hcis hcua renie tsbles trüpsre
sla rran, ow nhi ied tuah trhürna,
re tbielb, hcan megithcülf nenniseb,
hcod rebeil ni red nenies nennird!
negue htor

Wörter finden

Finden Sie zehn Wörter, die auf die Endung -us enden

1. ______________________
2. ______________________
3. ______________________
4. ______________________
5. ______________________
6. ______________________
7. ______________________
8. ______________________
9. ______________________
10. ______________________

Begriffe merken

Lesen Sie folgende Begriffe sechzig Sekunden aufmerksam durch. An wie viele können Sie sich fünf Minuten später noch erinnern?
Haus – Kopf – Vogel – Freude – Jugend – Baum – Nonne
Zeitung – Schere – Flasche – Schlüssel – Stift – Holz – Fluss

Konzentrationsübung

Stellen Sie fest, wie oft die folgende Zahl in der Ziffernfolge zu finden ist.
Die gesuchte Zahl lautet **4327**

1328745738794587943272152321234246125478234584859856569787687432786563551З
12436547566353481936565363272754837587435348798743273245356476987745432541
21217457485698576956958464623233059587473463849302091871626234872910293837
47646463728282393939783746464327218293945005056069584763625242423513213567
76770987654245567666776764327234588243456457567566578768798912235467677654
54453032938464562172192929838438475432728298273719547826434876764634657643
64363878234785876587568569858737634465657237487994984327975960758576004048

Wortquadrat

Bilden Sie mit den Buchstaben des Quadrats Wörter. Sie können jeweils ein Kästchen vorrücken und sich dabei senkrecht, waagerecht und diagonal in alle Richtungen bewegen. Sie können Buchstaben pro Wort auch mehrfach benutzen, müssen allerdings den Buchstaben vorher „verlassen" haben. Umlaute (ä, ö, ü) sind ausgeschrieben (ae, oe, ue).
Als Beispiel ist das Wort „**aber**" eingezeichnet.

A	B	R	F
E	G	N	O
	R	S	T
D	A	E	L

Zahlengedächtnis

Lesen Sie sich bitte die folgenden Aussagen genau durch und versuchen Sie, sich die darin vorkommenden Zahlen durch Verknüpfungen einzuprägen. Beantworten Sie dann die untenstehenden Fragen.

a) Der Internationale Frauentag ist am 8.3.
b) Hertha BSC Berlin war 1930/31 deutscher Fußballmeister, Eintracht Frankfurt 1959.
c) Die Telefonnummer von Herrn Meier lautet (089) 317 52 49.
d) Gustav Wasa wird 1523 König von Schweden.
e) Im Urlaub hat Egon Weber exakt 2417 km mit der Bahn zurück gelegt.
f) Das Grundstück hat 785 m^2.
g) Die Körbe beim Basketball sind 3,05 m hoch am Brett angebracht.
h) Der Gebrauchtwagen hatte bereits 154768 km auf dem Tacho.

Machen Sie die nächsten zwei Übungen und beantworten Sie dann die Fragen.

Wortfindung

Finden Sie zu den jeweils vier Begriffen einen Begriff, der an den Anfang gestellt ein neues zusammengesetztes Wort ergibt.

1. Ball – Ski – Fall – Dampf
2. Bote – Auto – Gewerkschaft – Paket
3. Welt – Park – Garten – Schutz
4. Hütte – Halsband – Zwinger – Futter
5. Kette – Krause – Band – Schmerzen
6. Wehr – Leiter – Wasser – Löscher
7. Bank – Anlage – Schein – Platz
8. Meister – Tür – Dach – Frau
9. Hörer – Apparat – Gespräch – Konferenz
10. Ente – Anzeige – Ständer – Leser

Konzentration

Im folgenden Rechteck sind unter den Buchstaben zehn Vornamen versteckt. Diese können vertikal, horizontal und diagonal, vor- und rückwärts geschrieben sein, allerdings nicht übers Eck.

M	S	O	N	J	A	F	R
Z	I	P	A	A	J	R	X
S	M	C	C	J	F	D	R
K	O	E	H	N	C	E	S
D	N	B	A	A	H	U	U
W	E	U	N	T	E	I	K
G	U	B	S	R	A	L	R
U	D	E	A	N	A	H	A
S	A	I	B	O	T	D	M
C	T	B	O	E	M	B	L

Beantworten Sie jetzt die Fragen:

Wie groß ist das Grundstück?
An welchem Datum wird der Internationale Frauentag gefeiert?
Wie lautet die Telefonnummer von Herrn Meier?
Wann wurde Gustav Wasa König von Schweden?
Wann wurde Hertha BSC, wann Eintracht Frankfurt deutscher Fußballmeister?
Wie viele Kilometer hat Egon Weber im Urlaub zurückgelegt?
Wie hoch hängt der Korb beim Basketball?
Wie viele Kilometer hat der Gebrauchtwagen auf dem Tacho?

Lösungen:

Begriffe zuordnen:
1f, 2d, 3a, 4b, 5g, 6e, 7c

Assoziativ denken:
Nase, Bruch, Fenster, Porzellankiste, Handtuch, Drillinge/Vierlinge, Nase, Aster

Neue Begriffe bilden:
Aus den Buchstaben des Satzes BLEIBEN SIE JUNG lassen sich unter anderem folgende neue Worte bilden:

Junge, Ei, Leib, Bleibe, Eis, Bein, Geis, Gleis, Sieben, Nein, Blei, Eisen, Biene, Bunsen, Busen, Bungee, Enge, Eibe, lesen, leben, leise, siegen, lieben, geben ...

Zahlenreihen bilden:
Die nächste Zahl lautet 27. In der Reihe wurde immer die Zahl 2 addiert und anschließend die Zahl 8 subtrahiert.

Falsche Leserichtung:
Richtig gelesen lautet der Text:

Hautleiden Oft fährt man gern aus seiner Haut,
Doch, wie man forschend um sich schaut,
Erblickt man ringsum lauter Häute,
In die zu fahren auch nicht freute.
Hätt sich auch einer selbst erspürt
Als Narr, wo ihn die Haut anrührt,
Er bleibt, nach flüchtigem Besinnen,
Doch lieber in der einen drinnen!
Eugen Roth

Konzentrationsübung:
7-mal kommt die Zahl vor

Wortquadrat:
Baer, Rose, Foto, Ostern, Radi, Adria, Astern, Rost, Brot ...

Wörter finden:
Zehn Worte mit der Endung -us:

Bus, Focus, Globus, Organismus, Fanatismus, Sozius, Mus, Kommunismus, Egoismus, Kapitalismus ...

Wortfindung:
Wasser-, Post-, Tier-, Hunde-, Hals-, Feuer-, Park-, Haus-, Telefon-, Zeitungs-

Konzentration:
Sonja, Simone, Michaela, Hans, Tanja, Lars, Esther, Markus, Tobias

Walter, 2008

9 Bedürfnisse von Menschen mit Demenz

Bedürfnis	Sinnvolle Reaktion der Pflegenden
– Durst wird nicht wahrgenommen	– Bewohner zum Trinken animieren, erinnern
– Temperaturschwankungen werden intensiver wahrgenommen	
– erhöhter Bewegungsdrang	
– Bedürfnis nach Schlaf nimmt ab – veränderte Schlafzeiten	
– Suche nach Ordnung	
– Angst vor Neuem	
– feste Gewohnheiten	
– Wunsch nach bekannten und vertrauten Gesichtern	
– Wunsch nach Liebe und Zuneigung	
– Wunsch nach Zärtlichkeit	
– Wunsch nach Geborgenheit	
– Wunsch nach sozialen Kontakten	
– Bedürfnis nach Erfolg	
– Bedürfnis nach Anerkennung und Zustimmung	
– Bedürfnis Situationen zu verstehen und verstanden zu werden	
– Fähigkeiten und Neigungen ausleben wollen	

10 Umgang mit Demenzkranken

Zu einem Konzept zur Betreuung demenzkranker Menschen gehören

eine dementengerechte Organisation, die:

- bewohner-orientiert betreut und pflegt
- gutes Fachpersonal hat (Fortbildung)
- flexibel ist (Dienstplangestaltung, Tagesstrukturierung)
- die Angehörigen unterstützt
- vertraute Häuslichkeit und Betätigungen bietet
- kleinteilige Strukturen hat
- die Pflegenden unterstützt (Ehrenamtliche)
- transparent ist für alle (Personal, Ärzte, Angehörige, Kostenträger, MDK, Heimaufsicht, Richter)

psychologische Umgangskonzepte:

- akzeptierende bzw. gefühlsorientierte Konzepte, wie
  - Kommunikationskonzepte
    - Validation
    - Biografiearbeit
  - Konzepte mit sensorischer Stimulation (Snoezelen, basale Stimulation, Aromatologie …)
  - musisch orientierte Konzepte (Musik-/Kunsttherapie …)
- verhaltensorientierte Konzepte, wie
  - aktivierende Angebote (gemeinsames Singen, Spielen …)
  - sinnvolle Beschäftigung (kleinere Hausarbeiten, kochen …)

eine dementengerechte Architektur und Wohnraumgestaltung, die:

- konsequent milieutherapeutisch und biografisch orientiert ist
- wohnlich ist (Wohnküche)
- Vertrautheit schafft durch Bilder, Gegenstände …
- Sicherheit gibt und Behinderungen kompensiert
- Freiheit maximiert und Zugang ins Freie ermöglicht
- Orientierungshilfen gibt und die Wahrnehmung erleichtert (Farbgestaltung, Beleuchtung …)

I. Validation

Definition

Validation wurde in den USA in den 60er und 80er Jahren durch die Sozialpädagogin und Gerontologin Naomi Feil entwickelt. Validation heißt: „etwas für gültig erklären“, wertschätzen, dem dementen Menschen in seine innere Welt folgen, diese innere Welt akzeptieren, benennen und bestätigen. In Deutschland propagiert Nicole Richard aus Kassel eine Abwandlung der Validationsmethode nach Feil in einer methodischen Kommunikations- und Umgehensweise mit demenziell erkrankten Menschen (Integrative Validation).

Grundhaltungen der Validation

Akzeptanz – wertschätzen statt widersprechen
Empathie – begleitend mit einfühlendem Verstehen zur Seite stehen
Kongruenz – spürbar ehrlich, also echt in seinen Gefühlen bleiben

Diese drei Grundhaltungen bei der Begleitung dementer Menschen sind wichtig, ebenso wie das Wissen um deren Grundbedürfnisse – Bedürfnisse, die jeder für sich in Anspruch nimmt: Anerkennung und Zugehörigkeit, Sicherheit und das Recht, seine Gefühle auch äußern zu können und nicht alles wortlos über sich ergehen lassen zu müssen.

Wenn man demente Menschen so akzeptiert wie sie sind, kann man ihnen sehr nahekommen. Die meisten Menschen haben das Bedürfnis nach Nähe und Intimität, und demente Menschen sind darin nicht anders. Will man sie verändern, sie zurückholen in die Wirklichkeit, dann verliert man den Kontakt. Sie werden ärgerlich, fühlen sich unverstanden und entwürdigt.

Demente Menschen haben genauso viele und genauso differenzierte Gefühle wie jeder andere auch. Sie wollen diese gerne äußern und mit anderen teilen. Es ist also an den anderen – Versorgenden und Betreuern – sie zu verstehen und zu respektieren. Umgang mit dementen alten Menschen bedeutet, nach Möglichkeiten zu suchen, miteinander zu kommunizieren, mit Worten, Gesten, Blickkontakt und Berührungen.

Grundsätze und Werte der Validation

- Alle Menschen sind einzigartig und müssen als Individuen behandelt werden.
- Alle Menschen sind wertvoll, ganz gleichgültig, in welchem Ausmaß sie verwirrt sind.
- Es gibt einen Grund für das Verhalten von dementen Menschen. Für die Pflegenden ist es eine interessante und spannende Herausforderung, demente Menschen und ihre Welt zu erkunden und zu verstehen.
- Verhalten im Alter ist nicht nur eine Folge von Veränderungen des Gehirns, sondern das Ergebnis einer Kombination von körperlichen, sozialen und psychischen Veränderungen, die im Laufe eines Lebens stattgefunden haben.
- Demente Menschen muss man akzeptieren, ohne sie zu beurteilen.
- Zu jedem Lebensabschnitt gehören bestimmte Aufgaben. Wenn man diese Aufgaben nicht im jeweiligen Lebensabschnitt bewältigt (hat), kann das zu psychischen Problemen führen.
- Wenn das Kurzzeitgedächtnis nachlässt, versuchen alte Menschen, ihr Leben wieder in ein Gleichgewicht zu bringen, indem sie auf frühere Erinnerungen zurückgreifen. Wenn die Sehstärke nachlässt, sehen sie mit dem Inneren Auge. Wenn ihr Gehör immer mehr nachlässt, hören sie Klänge aus der Vergangenheit.
- Schmerzliche Gefühle, die ausgedrückt, anerkannt und von einer vertrauten Pflegeperson validiert werden, werden schwächer. Schmerzliche Gefühle, die man ignoriert und unterdrückt, werde nimmer stärker.
- Einfühlung und Mitgefühl führen zu Vertrauen, verringern Angstzustände und stellen die Würde wieder her.

Ziel der Validation

Naomi Feil hat dies in ihrem ersten Buch „Validation – ein Weg, die Begleitung eines altersverwirrten Menschen zufrieden zu gestalten" mit folgender Zielsetzung erklärt: „Das Selbstwertgefühl des alten Menschen wieder herstellen, Stress abbauen (das gilt für Pflegende und für Gepflegte), ein gelebtes Leben rechtfertigen, Konflikte aus der Vergangenheit lösen helfen, die Kommunikation der Beteiligten (die Körpersprache mit einbezogen) verbessern und die Anwendung von Zwangsmitteln reduzieren."

Validations-Techniken

→ **Zentrieren**
- prüfen, ob ich als Validierender momentan in der hierzu notwendigen Verfassung bin
- Leermachen, die eigenen Emotionen loslassen
- sich auf den dementen Bewohner einstellen, sich einfühlen

→ **W-Fragen stellen**
- Wer, was, wo, wann, wie, ...?
- aber niemals „Warum?"
- nach dem Gegenteil fragen
- nach Extremen fragen

→ **aufrichtiger Blickkontakt**

→ **mit deutlicher, tiefer und liebevoller Stimme sprechen**

→ **Körperkontakt**
- wird im frühen Stadium häufig abgelehnt
- wird später als angenehm empfunden
- Berührungen wecken Erinnerungen (zum Beispiel erinnert Streicheln an die Mutter)

→ **Wiederholen**
- gleiche Worte, aber bestätigender oder fragender Unterton

→ **Gesagtes verdeutlichend umschreiben**
- Kernaussage wiederholen
- biografiebezogene Schlüsselworte verwenden

→ **Rückblicken**
- über die Vergangenheit reden heißt, sie zu aktualisieren
- Fragen zur Vergangenheit stellen

→ **Mehrdeutigkeit**
- Dinge unbestimmt benennen: es, sie, etwas
- gibt Raum, das auszudrücken, was im anderen vorgeht

→ **Spiegeln**
- auf die Körpersprache achten
- dieselbe Haltung oder Körperspannung annehmen
- nicht nachäffen, sonst fühlt sich der Gespiegelte verspottet
- respektvolles Spiegeln bedeutet: den anderen ernst nehmen und ihn verstehen

→ **das Verhalten mit den Gefühlen und unerfüllten menschlichen Bedürfnissen in Verbindung bringen**
- Demente wollen ihre Gefühle äußern, während ein anderer ihnen zuhört und die Gefühle benennt
- verbalisierte Gefühle belasten weniger

II. Biografiearbeit

Die Identität eines Menschen resultiert aus seiner Biografie. Einen alten, dementen Menschen wirklich zu verstehen, gelingt nur, wenn man seine Lebensgeschichte kennt. Nicht aus reiner Neugier oder um ihn zu analysieren, sondern, um ihn zu verstehen und ihm leichter in seine innere Welt folgen zu können.

Das Langzeitgedächtnis eines Demenzkranken bleibt am längsten intakt; er besinnt sich auf die Zeit, in der er ein kompetentes Leben geführt hat: wo lebensnotwendige Tätigkeiten den Lebenssinn ausmachten, wie zum Beispiel Hausarbeit verrichten, Gartenarbeit, Reparaturen, und wo bestimmte Musik, Mode, Politik, Sitten und Gebräuche die Generation geprägt haben.

Das biografische Wissen, das die Pflegemitarbeiter im Lauf der Zeit sammeln, erleichtert das Verständnis für die Bewohner und deren innere Situation und fließt in die tägliche Arbeit mit dementen Menschen mit ein. Das Personal gewinnt Informationen über Persönlichkeit, Gewohnheiten, früheres Leben und soziale Tätigkeiten. Besonders wichtig sind die Informationen, die einen emotionalen Einfluss hatten.

Um das biografische Wissen zu ermitteln, werden Auslöser wie Fotos, alte Zeitungen, Musik, lieb gewordene Gegenstände, Briefe u. ä. eingesetzt.

Wichtig sind vor allem die Zusammenarbeit mit den Angehörigen und ein ausführliches Erarbeiten des Biografiebogens.

Das Erstellen der Biografien ist ein dynamischer Prozess, der nie abgeschlossen ist.

III. Basale Stimulation

Die basale Stimulation ist eine pflegetherapeutische Möglichkeit, um wahrnehmungsbeeinträchtigte Menschen zu fördern. Es geht darum die Sinne bewusst und kreativ zu stimulieren. Der demente Mensch soll wieder mehr ein Gefühl von sich selber bekommen, um so Missempfindungen abbauen zu können.

Bei der basalen Stimulation werden alle Sinne gezielt angesprochen:

Fühlen: Einreibungen, Massagen, Waschungen, zärtliche Berührungen
Sehen: Bilder, Fotos, Briefe mit alter Schrift
Hören: Musik, Klänge, beruhigende Stimmen
Riechen: Duftöle, Gewürze, Blumen
Schmecken: Obst nach Jahreszeit, Gewürze, selbstgekochter Karamell.

Die basale Stimulation ist ein offener Ansatz, der Veränderungen, Weiterentwicklungen und neue kreative Ideen der Anwender integrieren kann und soll.

IV. Snoezelen

Das Wort „Snoezelen“ ist ein Kunstwort, das von zwei Zivildienstleistenden in der niederländischen Behinderteneinrichtung „Haarendael“ entwickelt wurde. Es setzt sich aus den Wörtern „snuffelen“ (schnüffeln, schnuppern) und „doezelen“ (dösen, schlummern) zusammen und hat Ähnlichkeit mit dem englischen Wort „to snooze“ (ein Nickerchen machen, die Zeit vertrödeln).

Unter Snoezelen verstehen wir das bewusst ausgewählte Anbieten primärer Reize in einer angenehmen Atmosphäre. Snoezelen ist eine primäre Aktivierung demenzerkrankter Menschen – vor allem auf sinnliche Wahrnehmung und Erfahrung gerichtet – mit Hilfe von Licht, Geräuschen, Musik, Gefühlen, Gerüchen und dem Geschmackssinn. Snoezelen schafft angenehme Erlebnismöglichkeiten in dafür speziell eingerichteten Snoezel-Räumen bzw. Snoezel-Ecken.

V. Sinnvolle Beschäftigung

Die Alltagsstrukturierung für demenziell Erkrankte sollte sich auch an vertrauten Tätigkeitsbereichen orientieren, wie zum Beispiel an Haushaltsarbeiten, Essensvorbereitung, Gartenarbeit, Wäschepflege, Putzen u.ä. Hierdurch wird eine lebensgeschichtliche Kontinuität verstärkt, die zur psychosozialen Bestätigung der Betroffenen beitragen kann. Die Erkrankten beherrschen vertraute Tätigkeiten wegen der vorhandenen Langzeitgedächtnisfähigkeiten noch relativ gut; das bietet daher die Möglichkeit, durch erfolgreiches Handeln das Selbstwertgefühl und das Wohlbefinden zu stärken.

Barmherzige Brüder Trier e.V. 2002

1 Was ist Behinderung?

Schreiben Sie Begriffe auf, die für Sie zum Thema Behinderung gehören und mit folgenden Buchstaben beginnen.

B ______________________________

E ______________________________

H ______________________________

I ______________________________

N ______________________________

D ______________________________

E ______________________________

R ______________________________

U ______________________________

N ______________________________

G ______________________________

Merke!

■ **Unter Behinderung verstehen wir …**

____

____

____

____

____

____

____

______________________________ ■

2 Aufgabe zu Symbolen

Es gibt verschiedene Zeichen, die als Symbole für Menschen mit Behinderungen stehen. Entwickeln Sie ein Symbol, das für möglichst viele Behinderungsgruppen steht.

3 Merkmale sozialer Randgruppen

Merke!

- **Unter Randgruppe verstehen wir …**

Soziale Randgruppe	Gemeinsame Merkmale
Arbeitslose	wenig Geld, viel freie Zeit, wenig Beachtung durch arbeitende Menschen

4 Einrichtungen für Menschen mit Behinderungen

Förderschulen

Arten von Förderschulen:

Ziele der Förderschulen:

Aufbau der Förderschule für Menschen mit geistiger Behinderung

In Förderschulen arbeiten:

5 Eine Sprache ohne Wörter?

Häufig ist es das nicht verstanden Werden oder die mangelnde Kommunikation die zu Konflikten oder Kriegen führt. Es gab in der Menschheitsgeschichte immer wieder Versuche, ein einheitliches Sprachsystem einzuführen (Esperanto). Ähnliche Beweggründe hatte auch Karl Blitz (änderte später seinen Namen in Bliss), dessen Symbole aber in Vergessenheit gerieten. In den 70er Jahren wurde das System für Deutschland von der Universität Kaiserslautern weiterentwickelt. Während BLISS in den Anfängen nur bei cerebralparetischen Kindern eingesetzt wurde, findet es heute auch bei Menschen mit einer geistigen oder mehrfachen Behinderung, Autisten, Aphasikern oder Schlaganfallpatienten Verwendung.

BLISS spiegelt in seinen Symbolen die Bedeutung von Begriffen wider, einerseits durch piktografische Symbole (z.B. Blume, Baum), durch ideographische Symbole (z.B. zum) oder auch durch abstrakte Symbole (z.B. Schutz). Zusammengesetzt aus 26 Grundsymbolen gibt es zurzeit etwa 2500 weltweit genormte BLISS-Symbole. Einige Beispiele für piktografische Symbole und deren Kombination sehen Sie unten. Existiert zu einem Wort oder einer Idee kein BLISS-Symbol, so kann man dies – gewissen Aufbauregeln folgend – selber zusammenstellen. Durch Zusatzzeichen wie z.B. Verb-, Substantiv- oder Adjektivindikatoren, durch Strategiesymbole wie „Gegenteil von", „Teil von", „ähnlich wie" oder „ohne" lassen sich aus jedem Symbol eine Reihe von weiteren Bedeutungen generieren.

Zur Kommunikation wird BLISS mit Hilfe von Symboltafeln eingesetzt, die sich z.B. auf einem Rollstuhl befinden. Der BLISS-Benutzer kommuniziert, indem er der Reihe nach auf BLISS-Symbole zeigt (z.B. per Hand, Augenbewegung, elektronischer Auswahl, etc.). Der Kommunikationspartner liest die Bedeutungen der Symbole, die darüber in alphabetischer Schrift stehen, laut vor. Seit einigen Jahren existieren technische Hilfsmittel zur Unterstützung von BLISS-Benutzern.

Aufgrund des internationalen Charakters der Sprache können weltweit leicht Kontakte hergestellt werden.

Aufgaben:

1. *Informieren Sie sich über die Biographie von Karl Blitz.*
2. *Welche Vor- oder Nachteile hat diese Sprache?*

6 Lebenswelten

Merke!

■ **Unter Lebenswelten verstehen wir …**

■

Bringen Sie typische Bilder von den Lebenswelten mit, in denen Sie leben.

Lebenswelt Arbeit

So stelle ich mir meinen Beruf vor:

FOTO

Lebenswelt Wohnen

So möchte ich einmal wohnen:

FOTO

Lebenswelt Bildung

Das sind meine Vorstellungen von der Schule der Zukunft:

FOTO

Lebenswelt Freizeit

So stelle ich mir meine Freizeit vor:

FOTO

7 Werkstatt für Menschen mit Behinderungen

Ziele der Werkstatt:

____

____

____

Begleitende Dienste

____

____

____

____

____

____

____

____

____

____

____

Arbeitsbereich z. B.:
Elektromontage

____

____

____

____

____

Intensivgruppen

____

____

Berufsbildungsbereich
Aufbaukurs

Schulische Förderung

Berufsbildungsbereich
Grundkurs

Eingangsverfahren

Allgemeiner Arbeitsmarkt

oder

andere Rehaeinrichtungen

Fachausschuss
Mitglieder: ______________________________

Elternhaus

Tagungsbildungsstätte

Förderschulen

In der Werkstatt arbeiten folgende Berufsgruppen:

____

____

____

____

8 Wohnheim für Menschen mit Behinderungen

Skizzieren Sie den Grundriss des Wohnheims:

Ziele des Wohnheims:

Folgende Berufsgruppen arbeiten dort als Mitarbeiter:

Die Bewohner haben folgende Behinderungen:

Stellen Sie Ihren Mitschülerinnen und Mitschülern die Einrichtungen der Menschen mit Behinderung vor und füllen Sie die Arbeitsblätter (als Folie für alle) möglichst vollständig aus.

9 Informationstexte vom Statistischen Bundesamt

Lebenslagen von Menschen mit Behinderung

WIESBADEN – Das Statistische Bundesamt (Destatis) verfügt über umfangreiche Daten, die die Lebens- und Arbeitssituation von Menschen mit Behinderung widerspiegeln. Dies wurde Bundespräsident Horst Köhler, der sich im Rahmen seines Besuches des Statistischen Bundesamtes besonders für dieses Thema interessierte, in einem Informationsgespräch erläutert. Die Daten stammen aus dem Mikrozensus, der europaweit größten Haushaltsbefragung mit jährlich circa 380000 befragten Haushalten. Im Rhythmus von vier Jahren werden dabei auch Informationen zu Lebensbedingungen behinderter Menschen gewonnen. Die nächste derartige Befragung ist für das kommende Jahr geplant.

Nach der letzten Erhebung im Jahr 2005 gibt es in Deutschland etwa 8,6 Millionen Menschen mit amtlich anerkannter Behinderung. Das entspricht einem Anteil an der Gesamtbevölkerung von gut 10%.

Ein Großteil der behinderten Menschen bestreitet seinen Lebensunterhalt überwiegend aus einer Rente oder Pension (63%). Hierbei ist zu berücksichtigen, dass Behinderungen häufig in höheren Altersgruppen auftreten. Etwa 71% aller behinderten Menschen sind 55 Jahre und älter. Rund 19% aller Menschen mit Behinderung bestreiten ihren Lebensunterhalt durch Erwerbstätigkeit, 9% werden überwiegend durch Angehörige unterstützt.

Rund 62% aller behinderten Menschen verfügen höchstens über einen Hauptschulabschluss. Etwa 19% beendeten erfolgreich die Realschule oder eine vergleichbare Bildungseinrichtung. Der Anteil von Fachhochschulreife oder Abitur beträgt bei den behinderten Menschen zusammen 12%. Keinen allgemeinen Schulabschluss haben 6% der behinderten Menschen.

Die behinderten Menschen weisen dabei vor allem bei den 25- bis unter 45-Jährigen niedrigere Schulabschlüsse als die Nichtbehinderten auf: 15% der behinderten Menschen in diesem Alter haben keinen allgemeinen Schulabschluss; bei den Nichtbehinderten sind deutlich weniger (3%) der 25- bis unter 45-Jährigen ohne Abschluss. Abitur haben 11% der behinderten und 26% der nichtbehinderten Menschen in dieser Altersklasse.

Auch beim höchsten Berufsabschluss zeigen sich zum Teil Nachteile für die behinderten Menschen: So haben bei den 30- bis unter 45-Jährigen rund 28% der behinderten Menschen keinen Abschluss, der Vergleichswert bei den Nichtbehinderten beträgt 14%. Einen Hochschulabschluss weisen 3% der behinderten und 11% der nichtbehinderten Menschen in diesem Alter auf.

Ausführliche Darstellungen der Lebenssituation behinderter Menschen sind in Aufsätzen in „Wirtschaft und Statistik" veröffentlicht: „Lebenslagen der behinderten Menschen" (12/2006) und „Behinderung und Einkommen" (02/2007). Diese Aufsätze können kostenfrei über das Internetangebot des Statistischen Bundesamtes bezogen werden.

Statistisches Bundesamt, 2008

6,6 Mill. schwerbehinderte Menschen in Deutschland

WIESBADEN – Wie das Statistische Bundesamt mitteilt, lebten zum Jahresende 2003 in Deutschland 6,6 Mill. schwerbehinderte Menschen; das waren rund 70 000 oder 1,1 % weniger als am Jahresende 2001. Bezogen auf die gesamte Bevölkerung war in Deutschland jeder zwölfte Einwohner (8,0 %) schwerbehindert. Knapp über die Hälfte (52 %) der Schwerbehinderten waren dabei Männer. Als schwerbehindert gelten Personen, denen von den Versorgungsämtern ein Grad der Behinderung von 50 und mehr zuerkannt wurde. Behinderungen treten vor allem bei älteren Menschen auf: So war gut die Hälfte (52 %) der schwerbehinderten Menschen 65 Jahre und älter; ein knappes Viertel (22 %) gehörte der Altersgruppe zwischen 55 und 65 Jahren an. 2 % der Schwerbehinderten waren Kinder und Jugendliche unter 18 Jahren. Überwiegend (84 %) wurde die Behinderung durch eine Krankheit verursacht, 5 % der Behinderungen waren angeboren, 2 % auf einen Unfall oder eine Berufskrankheit zurückzuführen. Am häufigsten litten schwerbehinderte Menschen unter körperlichen Behinderungen (67 %): Bei 26 % der Personen waren die inneren Organe bzw. Organsysteme betroffen. Bei 14 % waren Arme und Beine in ihrer Funktion eingeschränkt, bei weiteren 14 % Wirbelsäule und Rumpf. In 5 % der Fälle lag Blindheit bzw. Sehbehinderung vor. 4 % litten unter Schwerhörigkeit, Gleichgewichts- oder Sprachstörungen. Auf geistige oder seelische Behinderungen entfielen zusammen 9 % der Fälle, auf zerebrale Störungen ebenfalls 9 %. Bei den übrigen Personen (15 %) war die Art der schwersten Behinderung nicht ausgewiesen. Bei einem Viertel der schwerbehinderten Menschen (24 %) war vom Versorgungsamt der höchste Grad der Behinderung von 100 festgestellt worden; 31 % wiesen einen Behinderungsgrad von 50 auf.

Statistisches Bundesamt, 2004

Literaturverzeichnis

Barmherzige Brüder Trier e.V. (Hrsg.): Begleitung in einer anderen Welt. Konzept zur Betreuung demenzkranker Menschen in den Einrichtungen des Barmherzige Brüder Trier e.V., 1. Auflage, September 2002.

Biedermann, Kirsten: Sprachentwicklung, unter:
www.sprachheilberater.de/Sprachentwicklung.htm#TabelleZurSprachentwicklung [09.02.10]

Bloch, Emil: Ein Platz an der Sonne, in: DIE ZEIT Nr. 27, 26.06.2003

Bundesministerium für Gesundheit: Soziale Pflegeversicherung, 31.12.2008, unter: www.bmg.bund.de/nn_1193064/SharedDocs/Downloads/DE/Statistiken/Statistiken_20Pflege/Leistungsempfaenger-insgesamt,templateId=raw,property=publicationFile.pdf/Leistungsempfaenger-insgesamt.pdf [09.02.10]

Bundeszentrale für gesundheitliche Aufklärung:
Passivrauchen bedroht Kindergesundheit, 07.10.2004, unter: www.bzga.de/?uid=28d0a1c812de20828f191d24a88d41ec&id=pressearchiv&jahr=2004&nummer=238 [09.02.10]

Daab, Hans-Ulrich: Beurteilungsbogen für eine Präsentation, unter:
www.familie-daab.de/unterricht/sonstiges.htm [09.02.10]

Deutsche Shell (Hrsg.): Jungend 2000, 13. Shell Jugendstudie, Bd. 1, Opladen, Leske und Buderich, 2000

dpa: Familie: Gewalt ist bei Erziehung heute tabu, in: FOCUS ONLINE, 08.04.2009, unter: www.focus.de/politik/deutschland/familie-gewalt-ist-bei-erziehung-heute-tabu_aid_388265.html [09.02.10]

DPA/AP: Lebensgefahr: 18-jähriger Vater schlägt Baby fast tot, in: stern.de, 19.05.2008, unter: www.stern.de/panorama/lebensgefahr-18-jaehriger-vater-schlaegt-baby-fast-tot-620819.html [09.02.10]

Heinemann: Hinweise zur Beratung von Eltern bei Sprachentwicklungsstörungen im Kindesalter, Georg Kattenbeck, 1983.

KEI: Mutter schlug Baby den Schädel ein, in: Berliner Kurier, 09.01.2010, unter:
www.berlinonline.de/berliner-kurier/berlin/mutter_schlug_baby_den_schaedel_ein/151614.php [09.02.10]

Le Ker, Heike: Blick in die Zukunft trickst das Auge aus, Spiegel Online, 11.06.2008, unter:
www.spiegel.de/wissenschaft/mensch/0,1518,559033,00.html [09.02.10]

Neidhardt, Friedhelm: Die Familie in Deutschland, in: Deutsche Gesellschaft im Wandel, hrsg. v. Karl Martin Bolte u. a., Bd. 2, Opladen, Leske, 1970, S. 33 f.

Pohl, Wolfgang: Biologische und psychologische Grundlagen des Lernens, unter:
www.pohlw.de/lernen/kurs/lern-02.htm [09.02.10]

Romann, Christine: Fit im Alter – Gedächtnistraining, 30.01.2006, online unter www.hr-online.de/website/fernsehen/sendungen/index.jsp?rubrik=9024&key=standard_document_17507644&seite=1 [20.03.06]

RPO: Neuer Fall von Kindesmisshandlung: Mutter schlug Baby krankenhausreif, in: Rheinische Post Online, 09.12.2007, unter: www.rp-online.de/panorama/deutschland/katastrophe/Mutter-schlug-Baby-krankenhausreif_aid_509377.html [09.02.10]

Statistisches Bundesamt: 6,6 Mill. Schwerbehinderte Menschen in Deutschland, Pressemitteilung Nr. 478 vom 12.11.2004, unter: www.destatis.de/jetspeed/portal/cms/Sites/destatis/Internet/DE/Presse/pm/2004/11/PD04__478__227,templateId=renderPrint.psml [10.02.10]

Statistisches Bundesamt: Lebenslagen von Menschen mit Behinderung, Pressemitteilung Nr. 406 vom 30.10.2008, unter: www.destatis.de/jetspeed/portal/cms/Sites/destatis/Internet/DE/Presse/pm/2008/10/PD08__406__227.psml [10.02.10]

Steindorf Privatinstitut für Sozialmanagement: Wie man sich bettet so liegt man, online unter www.wohnen-im-alter.de/ratgeber/wie_man_sich_bettet_so_liegt_man.htm [20.03.06]

Temme, Ulrich: Hurrelmann: Entwicklungsaufgaben in drei Lebensphasen, unter: http://ulrichtemme.de/download/Paed_Jgst_12/Hurrelmann-gesamt.pdf [09.02.10]

Walter, Klaus-Dieter: Übungen zum Gedächtnistraining, online unter www.gedaechtnistraining.net/ [10.02.10]

Zimmer, Dieter E.: Kinder der Wildnis. Eine Wissenschaftsserie, in: ZEITmagazin Nr. 39, 20.09.1985, S. 60

Bildquellenverzeichnis

© Age fotostock/mauritius: Umschlag (links)
© MEV Verlag, Augsburg: Umschlag (Mitte)
© BilderBox.com: Umschlag (rechts)
© Bildungsverlag EINS, Troisdorf/Angelika Brauner, Hohenpeißenberg: S. 11, 65
© Bildungsverlag EINS, Troisdorf/Adja Schwietring, Köln: S. 13
© Bildungsverlag EINS, Troisdorf/Hanna Paßelewitz, Bonn: S. 15, 16, 17
© Bildungsverlag EINS, Troisdorf/Oliver Wetterauer, Stuttgart: S. 18, 28, 49, 95
© Bildungsverlag EINS, Troisdorf/Steffi Becker, Bonn: S. 33
© Bildungsverlag EINS, Troisdorf/Jörg Mair, München: S. 33
© Christian Albert/MEV, S. 33
M.C. Escher's „Waterfall" © 2010 The M.C. Escher Company-Holland. All rights reserved. www.mcescher.com: S. 37
© ullstein bild/Jaanson(L): S. 38
© Fotolia.com: S. 48
© Benjamin Hechler/Fotolia: S. 52
© Sylvaine Thomas/Fotolia: S. 54
© Jose Manuel Gelpi/Fotolia: S. 56
© Globus-Infografik, Hamburg: S. 60
© Udo Kroener/Fotolia: S. 63
© Ralf Stumpp/picture-alliance: S. 71
© deanm1974/Fotolia: S. 90